簡単だけど、一瞬で心をつかむ

77のルール

セールストーク力の基本

横山信弘
Nobuhiro Yokoyama

日本実業出版社

はじめに

「セールストーク」の目的は、お客様に気づきを与えることでもなければ、お客様の意欲をアップさせることでもありません。「商品が売れること」、つまり「お客様にご購入いただくこと」です。

このゴールに近づけるための77のルールをこれからお伝えしていきます。

「セールストーク」は、対峙する相手との一瞬一瞬の勝負で、繰り出す言葉の積み重ねにより、**まるで興味のなかったお客様が、一気に購入に至る、そんなケースを私は幾度となく目にしています。**

本書では営業、接客をはじめ、さまざまなシーンの「セールストーク」の事例を紹介していきます。

ただ、残念なことに「セールストーク」について誤解している人が多いのも事実です。お客様が「聴く耳」を持ってくださらないのであれば、どんなに質問力を鍛えても意味がありませんし、関係ができていなければ、どんなに訴求ポイントを押さえた「話し方」をしても相手の心に響きません。

そして何より、今の時代は、「大量生産、大量販売の時代ではない」ということも頭に入れておくべきでしょう。ひとりひとりのお客様に対し、正しく向き合うことがいっそう重視される時代となってきているのです。

「お客様の利益とは何か？」

これを真摯に考えるプロセスの重要性が、より高まっている時代なのです。

また、お客様にもさまざまな選択肢があるため、お客様が意思決定するのは、商談中以外のタイミングとなります。

そのため、テレビのキャスターのように、美しく、よどみなく、話すのが目的ではなく、お客様の記憶に残るような「セールストーク」が、今の時代に最も求められるスキルです。

意識すべきは、「そうそう」とうなずいて共感し、「ふむふむ」と納得してもらい、「へえ、そうなんだ」と新たな気づきを与えられるような、そんな話し方です。

本書では、すぐに使えてみるみる成果が上がる「セールストーク」のポイントを、豊富な現場経験にもとづいた事例とともに説明します。

「そうそう」「というか」「たとえば」「ちなみに」「それなら」「とはいえ」といった、覚えやすいキーフレーズとともに、楽しんで身につけていただけたらうれしいです。

CONTENTS

第３章 「接続詞」はトークの基本

第４章［「説得力」で相手を導く］

第５章［「質問力」で商談を深掘りする］

第6章 ［クロージングに持ち込むまでの「展開力」］

第7章［オンライン商談で失敗しないコツ］

第8章［折れない「マインド」を鍛える］

付録 [セールストーク力を磨くトレーニング]

カバーデザイン◎井上新八
イラスト◎福々ちえ
本文ＤＴＰ◎浅井寛子

第1章

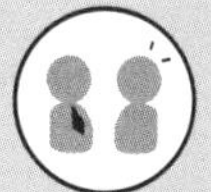

まずは相手に「共感」する

お客様との「信頼関係」がすべてのはじまり

どんなに素晴らしい商品・サービスを提案しても、信頼関係が築かれていなければ、お客様は心を開いてくれません。セールストークは、必ずお客様との関係構築からはじめましょう。

▶ Before

担当者：「こんにちは！　早速ですが素晴らしい商品が完成したので、ぜひ20分だけ時間をいただけませんか？」
お客様：「いや、今忙しいし、うちは間に合ってますから……」

メーカーの担当者がお客様に自社の商品を提案しています。

【Before】は、まだお客様との信頼関係が構築されていないときにやってしまう、典型的なアプローチです。

「是が非でも売りたい」「そのためになんとか相手に話を聞いてもらいたい」という意識が前面に出てしまい、自社の商品ありきのトークになってしまっています。これでは売り手の勝手な希望をお客様に押しつけており、成果につながることはほぼありません。

▶ After

担当者：「先週末、とてもよい天気でしたね。お子さんの運動会、盛り上がったんじゃないですか？」
お客様：「そうなんです。おかげで親子ともども、日に焼けて大変で」

一方【After】は、ある程度お客様を訪問し、接触回数を増やしていった段階でのトークです。この段階で担当者は、お客様の情報について、次のことを押さえたうえでの話になっています。

- お客様に子どもがいること
- 子どもの年齢
- 週末の予定

まずはこのようなお客様の基本情報を知れるような関係になるまで、接触回数を増やすことが大切です。そして、ある程度の関係が構築されてからも、お客様の情報を常にリサーチします。

商談では、まずはお客様の警戒心を解くこと。こうしたことを積み重ねていくことで、お互いの信頼関係ができ、はじめてお客様は心を開いてくれるのです。

rule 02

「そういえば」で雑談スキルを磨く

お客様との信頼関係を深めるためには、短くてもいいので常に雑談ができるように準備しておくことが大切です。以前にお客様が話していたことをメモしておいたり、企業の動向を事前にチェックしておいたりすれば、雑談のネタに困ることはありません。

▶ Before

売り手：「昨日のサッカー日本代表の試合、勝ててよかったですね！　最後まで目が離せなかったです」
お客様：「あまり、サッカーの試合は見ないのですが……」
売り手：「あ、そうでしたか……」

この会話は、よくある商談時の雑談です。商談の前にはこうした雑談をすることで「アイスブレイク」ができます。アイスブレイクとは、主に初対面の人同士が会った際、お互いの緊張をほぐすために使われる手法です。

このアイスブレイクで使用されるのが「雑談」です。雑談によって聞き手の緊張をほぐし、コミュニケーションが円滑にできるようになります。「雑談」と聞くと軽い印象を受けるかもしれませんが、おろそかにしてはいけません。雑談は売上につながる最初の入口、立派なセールストークだからです。

前項では、ある程度の関係性の構築が必要だと説明しましたが、今回の【Before】のケースでは、接触回数をある程度重ねた間柄だということがわかります。しかし、ただ友だち感覚のように世間話で盛り上がるだけでは、自社の商品は選ばれません。

今回のケースでは、社会的関心が高いニュースについて話しています。「世間が注目している話題なので、お客様もきっと気になったに違いない」「冒頭から熱い話題を話すことで、商談もいつもよりスムーズに進むだろう」と売り手が話を展開しています。

しかし、お客様はまったくその話題に関心がありませんでした。もし、この雑談がこのまま収束する場合、お客様の心象が悪くなり、効果的な話に結びつくことはないでしょう。

▶ After

売り手：「そういえば、部長は週末にお子さんたちを集めて、柔道を教えていらっしゃるとお聞きしました。昨日の世界選手権は、やはりご覧になっていたんですか？」

お客様：「もちろんだよ。教え子たちを家に呼んでね、一緒に見ていたんだ」

売り手：「私も見ていました。白熱した試合でしたね」

お客様：「すごい試合だったな。僕も興奮したよ」

【After】は、【Before】の会話からお客様のいまいちな反応を感じ取り、機転をきかせて雑談の原点に立ち返りました。

「相手の情報をもとに話をする」ということを意識してからの一言で、「そういえば」と話題を変えたのです。ここでは、お客様の趣味である「子どもたちに柔道を教えること」をベースに、世界選手権の話をしています。

この展開をすることで、お客様から「知識が豊富だな」「話題に事欠かない人だな」と、一目置かれる可能性が高くなります。

もちろん、これまでの関係で得た情報をもとに、売り手自身がお客様と話すうえで、最低限の知識を身につけておくことは必須です(この場合は、お客様の関心がある柔道の情報を仕入れ、中継を見たりすること)。

ここまでやることで、お客様は「この人なら安心だ」と思えるようになるのです。

お客様の「安心・安全の欲求」を満たすためにも、**会うたびに短い雑談ができるように事前に準備しておきましょう**。なお、今回は【Before】のあとの話の転換でしたが、挨拶をしてから「そういえば」で話題を切り出せば、スムーズに雑談をはじめることができます。

rule 03 共感を示して信頼感を醸成する「なるほど」「へえ」

お客様が話しているときというのは、信頼関係を深めるチャンスです。「共感」と「同調」を忘れず、正しい受け答えを心がけましょう。意識したいフレーズは、「なるほど」「へえ」です。

▶ **Before**

お客様：「最近ヨーロッパの商品が人気で、当社は苦戦を強いられています」
売り手：「でも、今年の新商品は売れているじゃないですか。よくお店でも見かけますよ」
お客様：「新商品は出たばかりですから、そうですけれど……」

このお客様は輸入雑貨店のセレクトショップを経営していますが、どうもライバルに負けている様子です。

お客様が悩みを吐露しているとき、「共感を求めている」ということを意識するのが大事です。いわば、同調をするということです。

しかし、このケースではお客様が「苦戦を強いられている」と苦々しい表情で語っているときに、「でも」という逆説の接続詞を使ってしまいました。

相手が話したい雰囲気、ペースを否定してはいけません。話が続かないどころか、今後の関係性を良好に築くことは到底期待できないでしょう。相手が共感を求めているときに、「でも」「しかし」「そうは言っても」などは禁句です。

▶ **After**

お客様：「最近ヨーロッパの商品が人気で、当社は苦戦を強いられています」

売り手：「へえ、そんなにヨーロッパの商品は、いま日本でも人気なんですね」

お客様：「そうなんです。当社の商品で元気がいいのは、春に出た新商品だけでしてね」

売り手：「なるほど。そうなんですね」

【After】のケースで売り手は、あくまでもお客様の話を広げることを心がけています。その際に大事なのが、同調の「へえ」や「なるほど」です。この一言で、お客様が話したい内容を聞くことができるようになります。また、相手からも「この人は話していてラクだ」「私の言いたいことを汲み取ってくれる」といった感情を抱いてもらえることにつながります。

こうした「ちょっとした共感」が、後々の商談をスムーズに進めてくれるようになるのです。

話が噛み合わない人と話していると、調子が狂ってきます。調子を狂わせないためにも「同調」が必要です。何より、お客様の立場に立って共感することが大切なのです。

共感は「そうそう」「ですね」

共感するときは、相手の感情に意識を向け、その感情をともに味わうようにします。「そうそう」「ですね」がキーフレーズです。

▶ Before

お客様：「最近、カタカナ語をうまく覚えられなくて、苦労します。たとえば『エビデンス』とか『プライオリティ』とか」
売り手：「そうですかね？　『エビデンス』とか『プライオリティ』って、普通に使いませんか？」

お客様が世間話を振ってくれているのに、自分の意見とは違うと思ったので、相手を全否定するような返答をしています。これではお客様は「恥をかかされた」と思ってしまい、会話が気まずくなる可能性があります。

▶ After

お客様：「最近、カタカナ語をうまく覚えられなくて、苦労します。たとえば『エビデンス』とか『プライオリティ』とか」
売り手：「そうそう。ですよね。私もなかなか覚えられなくて」

相手の話を汲み取る姿勢が大事です。そのためには、「そうそう」「ですね」は有効です。話を否定されて嫌な気持ちになる人は多いですが、同調されてそうなる人はいないでしょう。

強い共感は「本当にそうですね」

共感するときは「そうそう」「ですね」がキーフレーズでしたが、会話を盛り上げるためにはメリハリも必要です。強く共感するときは、恥ずかしがらず「本当にそうですね」とはっきり言ってみましょう。

▶ Before

お客様：「先日の台風で、地元の地域が被災しました。こういうときこそ、従業員が１つになって支援したいです」
売り手：「そうそう。そうですよね」

【Before】ではアイスブレイクを試みて、雑談をしています。雑談は大事ですが、友だち感覚で世間話をすればいい、というわけではありません。「返答」が大事なのです。

ここでの返答は、「そうそう」「ですね」を使用しており、間違えではありません。しかし、相手の話題は自然災害に遭(あ)ったというもので、この返答では会話の内容を受け止めることができていません。

今回のケースのように会話の内容が重たくなった場合、「そうそう」「ですね」だけでは「なんだか軽い返答だな……」と思われてしまう可能性があります。では、どのように返答すればいいのでしょうか？

▶ After

お客様：「先日の台風で、地元の地域が被災しました。こういうと

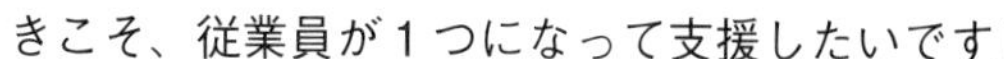

きこそ、従業員が1つになって支援したいです」

売り手：「本当にそうですね。当社営業所も被災しましたから、私たちも力を合わせてやっていきます」

お客様：「やはり御社も被災されたのですか……。本当に協力し合っていきたいですね」

売り手：「はい、できることは何でもおっしゃってください」

「そうそう」「ですね」の前に「本当に」を入れるだけで、どれだけニュアンスが変わってくるかがわかっていただけたでしょうか。

このフレーズを言う際には、表情も大事です。深くうなずきながら、ゆっくりと返答することが大事です。

このケースでは、「本当にそうですね」のあと、自社の事例も挙げることでさらに共感度が増しています。取り入れていきたいポイントです。

気づきを得たことを示す「たしかに」

「へえ」「なるほど」といったフレーズよりもインパクトが大きいのが「たしかに」です。相手が言っていることから「気づきを得た」「目から鱗(うろこ)が落ちた」という反応を伝えることができます。とくに世話好き、おしゃべり好きなお客様には、効果があります。

▶ **Before**

お客様：「この前、百貨店へ買い物に行ったら、お客様がすごく少なかった。みんなスマホで買い物をする時代になったんだね」

売り手：「それは、今にはじまったことじゃないと思いますよ」

▶ **After**

お客様：「この前、百貨店へ買い物に行ったら、お客様がすごく少なかった。みんなスマホで買い物をする時代になったんだね」

売り手：「たしかに。そういえば、うちの妻も百貨店やデパートに行かなくなりました」

【Before】では、相手の言ったことをすぐに否定してしまっています。事実かもしれませんが、あくまでも相手の立場に立った返答をしていかなければいけません。

【After】では、相手の話を受け止めて話をふくらませています。この「たしかに」というワンクッションからはじめる共感が、のちのちのトークの潤滑油となるのです。

賞賛は「すごい」「さすが」「素晴らしい」

心の中で「すごい」「さすが」「素晴らしい」と思っても、なかなか口に出しては言えないものです。普段の生活ではそれでいいかもしれませんが、商談の場ではその気持ちを表に出すことが大切です。さらりと言えるよう日頃から意識しましょう。

▶ Before

お客様：「うちの子どもが弁護士の資格を取りましてね。いやあ、5年くらいがんばってようやくです」
売り手：「へぇ、そうなんですか」

商談時のアイスブレイクの雑談の風景です。

「弁護士の資格」と聞くと、「相当すごい」と感じる人が多いでしょう。しかし、売り手は素っ気ない返答をしています。商談の本題のことが頭にあるため、雑談に集中できていないのです。雑談をおろそかにしてはいけない、というのはお伝えしてきた通りです。目の前のお客様が発する一言一言をキャッチしていかなければ、スムーズなセールストークにつながることはありません。

▶ After

お客様：「うちの子どもが弁護士の資格を取りましてね。いやあ、5年くらいがんばってようやくです」
売り手：「それは、すごいことじゃないですか！　おめでとうございます。素晴らしいですね！　難関試験で有名ですよね。本当にすごいことです」

ある程度の年齢になると、それほど周囲からほめられることがありません。そのため、仕事上のこうした雑談レベルでも、**「相手からほめられた」「ちゃんと話を聞いて受け止めてもらえた」ということは、しっかりと話し手の心に刻まれるのです。**

今回は子どもの話でしたが、自分の子どもがほめられるのは自分のことよりもうれしいもの。効果的に「すごい！」という気持ちを伝えることで、反応を示さなかった例よりも、以降の商談はスムーズに進む可能性が高くなります。

また、「さすが」で相手を持ち上げてから自分の話を展開することで、さらに相手を気持ちよくさせることもできます。今回の例では、「さすが部長さんのご子息だけありますね！　私の息子なんか本当に勉強ぎらいで……本当にうらやましいの一言ですよ」などといった形です。

「恥ずかしくてそこまで言えないな」と思うかもしれませんが、あくまでも仕事の一環と割り切って、積極的に反応を伝えていくようにしていきましょう。

rule 08 「オープンフェイス」で表情を作る

「セールストーク力」をアップするには、「言語コミュニケーション」と同時に「非言語コミュニケーション」も重要です。先の項でも少し触れましたが、トークに合わせて表情を変えることも表現方法の1つです。

▶ Before

お客様：「今度、両親と一緒に住むことになり、二世帯住宅を建てようと思っていまして」
売り手：「そうですか。お子さんも小さいですから、おじいさん、おばあさんと一緒に生活できてメリットも多いと思います」
お客様：「そうですね、私もそう思っています」
売り手：「二世帯住宅、絶対にいいですよ。にぎやかになりますし」

▶ **After**

お客様：「今度、両親と一緒に住むことになり、二世帯住宅を建てようと思っていまして」
売り手：「そうですか！　お子さんも小さいですから、おじいさん、おばあさんと一緒に生活できてメリットも多いと思います」
お客様：「あなたもそう思いますか！　いやあ、私もメリットは感じてましてね」
売り手：「二世帯住宅、絶対にいいですよ！　にぎやかになりますし」

文章の内容はほとんど変わりませんが、ここでは相手に見えるこちらの表情の大切さがわかる事例でした。

表情のないニュートラルフェイスで話すと、返答の内容は問題がないのに、どうしても会話が続きません。あなたも経験があるのではないでしょうか。無表情の相手と話していると、「何を考えているかわからない」「何かつかみどころがない」「この人とは気持ちをわかりあえない」と思ってしまうことを。気持ちのわからない相手との会話を早く切り上げたくなるのは人の常です。会話は、原則としてオープンフェイスを意識していきましょう。

また【After】の会話例でも少しわかるように、テンションが高い感じを全体的に醸し出すことができるようになります。

オープンフェイスを意識すると、会話の内容も熱量がこもった形になり、相手に伝わっていきます。ぜひ、試してみてください。

■参考：コミュニケーションとしての表情

① オープンフェイス	笑っている表情、心を開いて微笑んでいる表情。緊張感を緩め、周囲にリラックス感を与える。
② ニュートラルフェイス	「素」の表情。何も意識せずにいるときの表情であり、周囲に対して影響を与えにくい。
③ クローズドフェイス	真剣な表情、厳しい表情。周囲に緊張感を与える。

トークを円滑にする「相づち」の基本

お客様が話をしているときは、「聞いていますよ」という姿勢を、相手にわかるように示しましょう。それを表現するのが相づちです。ただ、機械的に相づちをするのではなく、ときには小刻みに、ときには大きくうなずくなど、緩急をつけることが大切です。

▶ **Before ①**

お客様：「先日読んだ本、すごく面白かったんです」
売り手：「へえ、そうなんですか」
お客様：「これからの日本がどうなっていくのか、多くの調査データを使って解説しているのです」
売り手：「私もソレ読んでみたいです」

▶ Before ②

お客様：「先日読んだ本は、すごく面白かったですね」
営　業：「へえ、そうなんですか！」【「うん」の相づち】
お客様：「これからの日本がどうなっていくのか、多くの調査データを使って解説しているのです」
営　業：「私もソレ読んでみたいです」【同じく「うん」の相づち】

▶ After

お客様：「先日読んだ本は、すごく面白かったですね」
営　業：「へえ、そうなんですか！」【「うん、うん」の相づち】
お客様：「これからの日本がどうなっていくのか、多くの調査データを使って解説しているのです」
営　業：「私もソレ読んでみたいです」【「うん、うん、うん」の相づち】

【Before ①】は「無反応（ニュートラルフェイス）」のケースです。これは先ほどもお伝えしたように、やってはいけない表情です。

【Before ②】は、相づちを意識している点はいいのですが、常に一定の相づちのため、相手によっては「この人は本当に話を聞いてくれているのだろうか……」という疑念を抱かれてしまう可能性も否定できません。

【After】は相づちを効果的に用いています。会話が深くなるにつれて、相づちも合わせて大きくしています。相手の話す内容によって相づちを使い分けることで、相手から大きな信頼感を得ることができるようになるでしょう。

「リアクション」は多少オーバーに

お客様にどんどん気持ちよく話をしてもらうことで、信頼感は深まります。お客様にもっと話をしてほしいと思ったら、リアクションにも気を配りましょう。ただし、リアクションは普通にやっても相手には伝わりません。役者になった気分で、少しオーバー気味にやることがコツです。

▶ Before

お客様：「先月、うちの社員が１人辞めましてね……」
売り手：「え、それは残念ですね」
お客様：「社長も、かなりガッカリしています。有望な社員だったので」
売り手：「それなら本当に残念ですね」
お客様：「でも、新しい社員が昨日から入りましてね。なかなか見込みがありそうなんです」
売り手：「あ、だったら、よかったじゃないですか」

ここでもニュートラルフェイスの特徴である「無反応」の例が出てきました。これでは会話が続かない、というのは学んできた通りですね。

▶ After

お客様：「先月、うちの社員が１人辞めましてね……」
売り手：「ええっ！　それは……残念ですね」

▶ After

お客様：「社長も、かなりガッカリしています。有望な社員だったので」
売り手：「うわぁ〜。それなら、ホント残念ですね」

▶ After

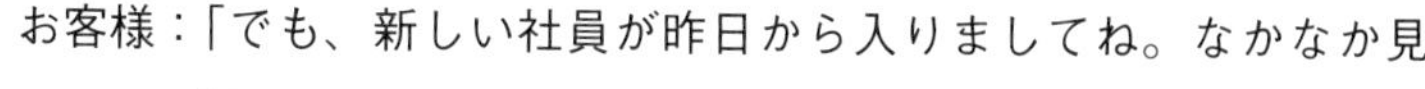

お客様：「でも、新しい社員が昨日から入りましてね。なかなか見込みがありそうなんです」
売り手：「あ！　そうなんですか。それは、よかったじゃないですか～」

このイラストを見るかぎり、「大げさなんじゃないか！」と思われるかもしれません。しかし、これが相手の印象に残るのです。ただし、相手のテンションと比べて、白々しいオーバーなリアクションを繰り返したらNGです。あくまでも相手の話を聞いたうえでの行動なら、不快がられることはないでしょう。

リアクションするときのコツは「照れない」ことです。お芝居でもそうですが、照れながらやっていると、相手の感情を動かすことはできないということを念頭に置いておいてください。

あくまでも「相手の話ファースト」で

お客様が気持ちよく話しているシチュエーションがあります。そんなときにやってしまいがちなのが、「自分が知っている話題が出てきたから派生させて別の話題に振る」というものです。相手の話の主導権を奪ってはいけません。

▶ **Before**

お客様：「先日のゴルフでは絶好調だったのですが、途中で雨が降ってきましてね」

売り手：「あ、雨だったんですね！　今週はずっと雨らしいですよね。水曜日屋外イベントがあるっていうのにまいりましたよ、ホントに」

お客様：「はあ……そうですね」

思わず、「雨」というキーワードに飛びついて、自分の知っている情報から話を展開してしまったNG例です。たとえ雨の情報を自分が知っていて、それを相手に話したくても、あくまでも会話の主導は相手にあるということを意識しておきましょう。ここでは、お客様がゴルフの話をしているため、そこをふくらませるべきなのです。

▶ After

お客様：「先日のゴルフでは絶好調だったのですが、途中で雨が降ってきましてね」
売り手：「え！　途中で雨が？　それでどうなったんですか？」
お客様：「そこでゴルフは中止ですよ。せっかく絶好調だったのに」
売り手：「それは残念でしたねぇ」
お客様：「今週末に仕切り直しです」
売り手：「え！　今週も行かれるのですね。週末は好天なのでゴルフ日和になりそうですね」
お客様：「はい、今から楽しみで」

相手が話したいゴルフの話題を、うまく会話のクッションで続けています。そうすることで、相手も気持ちよく話を続けることができているのです。以降のトーク展開もスムーズに運んでいくことでしょう。

お客様が話していることに共感すべきシーンでは、自分が話したいことは封印するようにしましょう。どうしても自分が知っている話題となると、会話の主導権を握りたくなるものです。しかし、友だちとの会話ならいざ知らず、話している相手は「商談相手」と心得て対峙することが大切です。

また、気をつけたいのが、相手が間違った情報を語ったときなどです。そういうときは、間違いは否定せず、「なるほど、そうだったんですね。私、てっきり○○○○だと勘違いしていました」などと、さりげなく事実を述べるのがマナーです。

第1章のまとめ

- 関係を構築するために、接触回数を増やしていく
- 「そういえば」でスムーズに雑談をはじめる
- 話の調子を狂わせないために、「同調」する
- 常に相手の話は汲み取る
- 同調したあとで、身近な事例を挙げると共感度が増す
- ワンクッションからはじめる共感が潤滑油となる
- 効果的に「すごい!」という気持ちを伝える
- 会話は原則としてオープンフェイスで
- 会話が深くなるにつれ、相づちも大きくする
- リアクションするときのコツは「照れない」こと
- 共感すべきシーンでは自分が話したいことは封印する

お客様を「外国人」だと思って話す

お客様と話をしていて、この人とは「話が噛み合わない」と感じることはありませんか。相手のペースに巻き込まれ、伝えたいことが伝えられなかったりすると、せっかく準備してきたセールストークも意味を成しません。

「話が噛み合わない」確率が高い危険人物をあらかじめ特定しておき、セールストークするときにひと工夫しましょう。

私が、話が噛み合わない危険人物だと思う人とは、次のような４タイプです。

- 置かれた立場や環境などが著しく異なる人
- リアルでの接点が少ない人
- 自分のほうが立場・地位が上だと考えている人
- もともと「感度」が低い人

まず、「置かれた立場や環境などが著しく異なる人」の状況で考えてみましょう。

たとえば会計にまったく携わったことがない人（たとえば情報システム部の責任者）に、会計システムを提案するときなどは大変です。

システムの特徴を伝えても、会計のことがわからないのであれば、なかなか話が噛み合いません。

「リアルでの接点が少ない人」もそうです。

いつも打ち合わせに顔を出す担当者を介さないと、先方の部長と話ができないのであれば、なかなかその部長と話が噛み合いません。

すでに相手は知っているだろうと営業が思い込んで話すと、けっこう通じないものです。

「自分のほうが立場・地位が上だと考えている人」は、まともに話を聞かない人が多く、思い込みが激しく、決めつけた言い方をすることも少なくありません。「もともと『感度』が低い人」もそうです。

このような危険人物には、次の３つのポイントを心がけてセールストークしてみましょう。

1 前提となる知識を丁寧に伝える

2 ゆっくりと話し、論点を繰り返す

3 話が通じないときは仕方がないと思う

私はそのような危険人物と話すとき、相手を「外国人」だとイメージして接するようにしています（この場合の外国人とは、ある程度の日本語が話せる程度の外国人、と定義します）。

相手が日本人だとわかっていると、「これくらいで話は通じるはずだ」と、どうしても期待してしまうもの。

その期待を裏切られると、ついついイライラしてしまうかもしれま

せん。しかしセールストークには感情のコントロールが絶対に不可欠なので、危険人物と話すときは、相手を外国人のように考えて接することをおすすめします。そうすることで、自然と意識的なセールストークに変わります。

「社長、私たちがご提案するセキュリティサービスは、単なる情報システムではありません。もう一度繰り返します。単なる情報システムではないのです。教育と、運用支援もパッケージ化して提案しているのです。なぜ、教育も運用支援も、パッケージにしているかと言いますと……」

このように、ゆっくりと、丁寧に、そして時には、視覚的にわかりやすく表現して話すと、相手の早とちりや思い込みを防ぎ、正しく伝わるようになります。

第2章

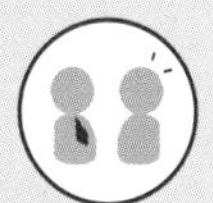

「交渉力」で相手の心を動かす

関係を構築できていれば交渉されない

第１章で説明してきた通り、どんなに素晴らしい商品・サービスを提案しても、信頼関係ができていなければ、お客様は聞く耳を持ってはくれないものです。信頼関係が構築できていないと、たとえ耳を傾けてくれたとしても、交渉（駆け引き）をされる可能性があります。

▶ **Before**

売り手：「今日はとてもおすすめの商品をお持ちしました。社長、聞いていただけませんか？」
お客様：「いいけど、安くしてくれるんだろうね？」
売り手：「え、いや。まだご紹介する前から、そんな……」
お客様：「うちは１円でも安くしてくれないと買わないよ。商売っていうのは、そういうもんだろ」
売り手：「必ず気に入ってもらえるものですから……」
お客様：「気に入るかどうかは、商品と値段次第だろう？」
売り手：「まあ、そうかもしれませんが……」

文房具メーカーの売り手が、得意先の中小企業を訪問している場面です。社長に対して商品を提案しているということからも、お客様とある程度の接触回数があるようです。

しかし、たとえお客様と仲がよくなっても、信頼関係を築けていないのであれば、正しい関係ができているとはいえません。今回の例ではすぐに値引き交渉をされてしまいました。こうならないために、まずはしっかり関係を築くことが大事です。

▶ After

売り手：「今日はとてもおすすめの商品をお持ちしました。社長、聞いていただけませんか？」
お客様：「あぁ、いいよ」
売り手：「こちらの商品、ドイツから輸入した文具で、日本でも流行の兆しが出ています。お店の雰囲気を彩るうえでも、効果があると思います」
お客様：「どれくらい仕入れたらいい？」
売り手：「私が決めてもいいですか」
お客様：「いいよ。君がすすめてくれる商品は、だいたいハズレがないからな」
売り手：「ハズレのときも、けっこうあると思いますが……」
お客様：「そうだっけ？　別にいいよ」
売り手：「こちらにお見積書をお持ちいたしました」
お客様：「いいよ、見なくても。おい、高橋さん。こちらの見積書、処理しといてくれ」

このケースでは、売り手は社長に全幅の信頼を置かれていることがわかります。これまでの営業活動の中から強固な信頼関係が築けているからこそのやりとりです。全面的に信頼をされると、交渉はおろか、説得性の高いセールストークをする必要もありません。

交渉されたときの事前準備や対策も必要ですが、まずは交渉されないように日々の努力が必要です。

rule 13 セールストークのキホンのキ、「応酬話法」を知っておこう

お客様に自社の商品をPRして、すんなり購入してくれる、ということはまずありません。たとえその商品を必要としていても、他と比較しようと思ったり、その場で決めずにあとで決めたい、という心理が働くためです。そんなとき、相手から否定的な反応や断りのフレーズが出てきます。それに対応するのが「応酬話法」です。

▶ Before

売り手：「いかがでしょうか。この給茶機は８種類の飲み物を入れることができます」

お客様：「たしかに当社も社員からのニーズがあります。でも他社の商品も見たくて……」

売り手：「そうですか、ですが弊社の給茶機は他社と比較してもリース代がリーズナブルなのが強みです」

お客様：「今、決められないんです。また後日、ご連絡させていただきます」

売り手：「そうですか……」

給茶機メーカーの売り手が、客先の総務部の部長と商談をしています。相手は部長だけに決裁権があるのですが、どうしても決めきれない様子です。

このように、お客様がどうしても結論を先延ばしにしようとすることも少なくありません。そんなときに使用したいのが「応酬話

法」です。

▶ **After**

売り手：「いかがでしょうか。この給茶機は８種類の飲み物を入れることができます」

お客様：「たしかに当社も社員からのニーズがあります。でも他社の商品も見たくて……」

売り手：「そうですか、ですが弊社の給茶機は他社と比較してもリース代がリーズナブルなのが強みです」

お客様：「今、決められないんです。また後日、ご連絡させていただきます」

売り手：「そうですよね。他社さんの商品も見たいですよね【イエス】。でも【バット】、弊社の給茶機はお値段の他に、給茶スピードが他社の1.5倍ということで、こちらの地域の多くの企業さまに支持していただいております」

お客様：「え、そうなの？　それはちょっと興味あるな……」

応酬話法は、お客様の質問や意見に対して応答するための基本的なセールストークのため、マスターしておく必要があります。

ただし、難しく考える必要はありません。お客様の逃げる雰囲気や、そのための返答には決まった傾向があるため、対応法はある程度の方程式にあてはめることができます。それが次の５つです。

①イエスバット話法

【After】の例文の話法がこちらです。まず、相手の意見を受け止め、次にその言い分にソフトに反論していくテクニックです。反論をしたいとき、頭ごなしに言うと感情的なしこりが残ります。たとえ反論されたとしても、まずは受け入れます。最初に相手が言うことを「イエス」で受け止めることで、「この人は自分の気持ちをわかってくれる」という安心感を相手に与えることができます。こうすることで、その言い分に反論する自分の意見（バット）が、自然と受け入れられるようになります。

②イエスアンド話法

イエスバット話法の派生系です。「なるほど、ご指摘の通りです。では、こうした方向性はいかがでしょうか」といった形で展開します。イエスバット話法では相手の意見を受け止めたあと「しかし」で言葉をつなぎましたが、相手によっては少し強引に受け取られる可能性もあります。イエスアンド話法は「では」「それでしたら」など比較的ソフトなクッション言葉を使用するため、相手に不快感なく意見を聞いてもらえるようになります。

③質問話法

お客様に質問をして、その返答内容から、相手の本来の希望をつかんだり、相手の意思決定を促したりするテクニックです。質問を繰り返していくなかで、相手に提案する商品のことを深く考えてもらうことができるため、強引なセールスをしているという感じが弱まってくるというメリットがあります。

④例話法

イメージしやすいたとえ話をすることで、こちらが提案したい商品を使用している状態をお客様に想像してもらい、クロージングにつなげるテクニックです。「もし、この給茶のスピードが1.5倍の給茶機があれば、社員のみなさんは喜ばれるのではないでしょうか」といった形で、具体的に相手がイメージできるように話すことで効果を発揮します。

⑤ブーメラン話法

お客様が断りそうなど、うまくいくことが見込めない雰囲気になってきたときに、「だから今、必要なのです」といった返答をします。そうすることで、相手に興味を持ってもらうことができるというテクニックです。よく言われがちな「時間がないので」という断りの文句に対しては、「時間がないからこそ、スピード感を出して取り組めるチャンスなのです。どういうことかと言いますと……」と、説明をしていきます。

⑥聞き流し話法

お客様から否定的な意見が出てきたら、その話をいったん聞き流し、別の話に変えていくテクニックです。とかく相手からの否定的な意見には反論をしてしまい、話が噛み合わなくなり、結果的にその場の空気が悪くなってしまうものです。そうならないためにも、相手の反論が出てきたら、別の話題に変えます。こうすることで、お互いの気持ちを落ち着かせることができます。後日あらためてもいいですが、どうしてもその場でお願いしたい話の場合、相手が冷静になったと判断したところで、先ほどの話を再び切り出していくのがベターです。

rule 14

難しい局面を切り返す「たしかに」「とはいえ」

代表的な応酬話法「イエスバット話法」をさらに掘り下げていきましょう。気をつけたいのが、反論に対し単純に反論で返すと、商談がまとまらないだけでなく、感情的なしこりが残ります。

▶ **Before**

売り手：「こちらの心臓カテーテル用検査装置は、他社商品と比較してかなり高精度のナビゲーションプログラムを搭載しています」

お客様：「ナビゲーションプログラムって、そんなに大事ですか」

売り手：「検査や治療中の操作をサポートしてくれます」

お客様：「それなくてもいいから、もっと安価な物のほうがいいな」

売り手：「いや、それは当社のナビゲーションプログラムをご存知ないからです。一度使っていただければ、ご理解いただけます」

お客様：「そういう無駄な機能をつけて、高く売りつけようとしてるんでしょう。魂胆が見え見えなんですよ」

売り手：「高く売りつけようとしているだなんて、とんでもない。あくまでもお客様のニーズにこたえるために、当社は……」

お客様：「いらないですって。それより安くしてくださいよ」

医療機器メーカーの売り手が、病院担当者に機器の説明をしています。

自社の商品に自信を持ってすすめているのに、頭ごなしに否定されては気分がいいものではありません。けれども、お客様の反論が、たとえ的外れなものであったとしても感情的にならず、受け止めることが大切です。受け入れなくてもいいので、受け止めることを心がけましょう。感情的になると、どちらも論理的に判断することができなくなります。

▶ After

お客様：「そんなプログラムなくてもいいから、もっと安価な検査装置のほうがいいな」

売り手：「たしかに、このようなナビゲーションプログラムがなくても、しっかり操作できるのであれば必要ない場合もありますよね」

お客様：「そうですよ。そういうの、あってもなくてもいいんだよね」

売り手：「はい。そのようにおっしゃるお客様もいらっしゃいます。とはいえ、ナビゲーションプログラムをなくしても、価格が安くなることはないのです」

お客様：「え、そうなの？」

売り手：「はい。たしかに、『必要ない』とおっしゃる方もいるのですが、お客様からのニーズがとても多くてですね」

お客様：「そうなのか……」

売り手：「車のナビと同じです。ナビがないと運転できないという方も増えていますから」

お客様：「なるほど……そういうことか」

売り手：「ですから、当社の装置には標準搭載していますし、それどころか、ナビゲーションプログラムの機能で他社と差をつけようと、かなり力を入れて開発しましたから」

お客様：「そんなにすごいのか」

売り手：「はい。さらに詳しく解説するために、実演いたしましょうか？」

お客様の言い分を条件反射的に跳ね返すのではなく、いったん受け止めることで、お客様もこちらの言い分を受け止めようとする可能性が高まります。これが「返報性の法則」です。

「返報性の法則」とは、相手から何かしらの施しを受けたとき、「お返しをしなくては申し訳ない」といった気持ちになる心理のことをいいます。こうした気持ちを抱く理由は、人間が本来持っている義理や人情のようなものだといわれています。この「返報性の法則」が、セールストークで効果を発揮するのです。

「たしかに」でまず相手の反論を受け止めてから、「とはいえ」と続けてこちら側の主張を柔らかく表現することを心がけましょう。

事前に布石を打っておく「プリフレーム」

代表的な「応酬話法」は、前項でご紹介した「イエスバット話法」でしょう。相手の言い分をまず肯定（イエス）しておいてから、反論（バット）する話法です。応酬話法にはさまざまな方法があり、イエスバット話法だけを取っても「イエスアンド話法」「イエスイフ話法」など、いろいろと派生話法がありますが、そもそも応酬話法に頼らない商談はストレスがありません。

▶ Before

売り手：「こちらの３点がセールスポイントです。大変魅力的なサービスです。いかがでしょうか？」

お客様：「見積書には12万円と書かれているけど、もう少し安くならないんですか。以前、御社を利用したときは、たしか10万円だったんですけどね」

売り手：「ええ。たしかに以前は10万円でご提供させていただいておりました【イエス】。しかし、先ほどご説明したオプションが増えておりまして、それで費用のほうも……【バット】」

お客様：「そんなオプションいらないから10万円にしてくださいよ」

売り手：「いえ、このオプションがないと当社のサービスのよさをご理解いただけないと思っていまして……」

お客様：「大丈夫ですよ、そのオプションがなくても十分に理解してますから。ね、10万円にしてよ」

売り手：「はぁ……」

売り手はイエスバット法を試みていますが、相手が頑なな態度のとき、どうしても「売り言葉に買い言葉」のような状態になってしまうことがあります。

また、応酬話法によって聞き手を納得させることができたとしても、何か「売りつけた」ような感じがしてしまった、という売り手側の声をよく聞きます。**応酬話法に頼らないセールストークは、売り手も聞き手も、ストレスを感じることがありません。**応酬話法に頼らないようにするには、事前に布石を打っておくことです。これにより、「売り言葉に買い言葉」状態を回避しやすくなります。この技術を「プリフレーム」と呼びます。

▶ After

売り手：「こちらのサービスをはじめて11年が経過しましたが、膨大な数のお客様の声を取り入れ、昨年ゼロから見直してリニューアルしました」

お客様：「はあ」

売り手：「お客様から最も見直してほしいと言われていたのが、オプションの取り扱いです。当社のサービスを利用する方の、実に89％がこのオプションも利用されるのです【プリフレーム】」

お客様：「へえ」

売り手：「オプションを別途付加すると５万円割高になります。つまり総額15万円です。ここから割引をしても当社のルール上、14万円が限界です。オプションを取り扱っている部署も違うためです」

お客様：「ふーん」

売り手：「しかし、それではお客様のためにはならないだろうと、開発部長の号令で、社内の部署を統合し、商品カタログなども全面的に見直しして、15万円を12万円まで下げることができるようになったのです」

お客様：「え、12万円!?」

売り手：「そうです。価格交渉の余地があるように見せると、お客様も迷われるでしょうから、全社の営業、誰が販売しても12万円にすることで、おさまりました」

お客様：「そのほうが、お客様も迷わなくてもすむでしょうからね」

売り手：「さようでございます。価格交渉を前提に値づけはしておりません」

お客様：「わかりました。それでは12万円でお願いします」

【Before】のケースでは単純にオプションがついたことを理由に、イエスバット話法で乗り切ろうとしました。しかし、【After】では「12万円になった理由」について、明らかな情報量の違いがあります。

大前提として「価格交渉はしない」など、事前に前提条件を明確に伝えると、お客様の迷いもなくなります。

ただ、これまで価格交渉の余地があったのであれば、なぜ価格交渉をしないのか、その背景を明瞭に語ることが大事です。

rule 16

お客様の「言いわけデータベース」を作っておく

お客様との話し合いの中で「交渉」にならないためにも、先まわりして布石を打つことが大事です。そのためには、お客様が買わない理由などを日ごろから収集し、データベース化しておきましょう。このデータベースは、組織内で共有するとさらに効果的です。

▶ **Before**

コンサル：「いかがでしょうか。このような営業力アップの研修は、とても効果的です」

お客様：「うーん」

コンサル：「何か、ご不明な点でもございますか？」

お客様：「当社もこれまでに、いろいろと外部講師を招いて研修をやってきたんだけど、なかなか効果が出なくてねえ」

コンサル：「効果ですか」

お客様：「研修を受けたあとは、みんなやる気になるんですよ。でも1か月もすれば、すぐに元通りになってしまう。あれじゃあ、意味がないと思うんだよね」

コンサル：「当社の場合は、研修後の振り返りのトレーニングもありますし、持続的な効果が見込めると思いますが」

お客様：「そうかなあ。研修なんて、どこでやっても同じじゃないの？」

コンサル：「いや、そうは言っても、研修をしないというのは……」

お客様：「投資対効果が見込めないことをやってもねえ。うちは大企業でもないし」

営業コンサルタントが研修について説明をしています。

選択しない理由は、どちらかというと相手の「言いわけ」のようなものです。営業が来るとどうしても身構えてしまい、言いわけ先行になるお客様は多くいます。

「ああ言えばこう言う」という思考の人に対するセールストークの場合、先手必勝の姿勢が重要です。

▶ After

コンサル：「以上、当社の営業力アップ研修について、ご説明させていただきました。補足として、最近の業界動向と、研修を受講するうえでの留意点をお伝えさせてください」

お客様：「業界動向、ですか」

コンサル：「はい。大変ありがたいことに、最近は当社のみならず、研修事業者はどこも多くの引き合いをいただいております。とくに中小企業からの研修の依頼が、非常に増えています」

お客様：「え、大企業ではなくて？」

コンサル：「はい、中小企業のほうが顕著です。こちらのデータを見ていただけますか。中小企業の人手不足は深刻です」

お客様：「そうそう、当社もそうですよ」

コンサル：「しかし、採用にどれだけコストをかけても、優秀な人材を採用できるかは、わかりません」

お客様：「わかります。お金をかけた割には人が入ってこないし、入社しても数年で辞めてしまうのもいるし」

コンサル：「はい。とくに営業の職種は、定着率が低いと言われています」

お客様：「そうそう。わかる」

コンサル：「ですから、新しい人を採用するよりも、今いる社員を大事にし、しっかりと教育したいという中小企業が増えているのです」

お客様：「はあ、そういうもんですか」

コンサル：「こちらのデータにもありますように、継続的に研修を実施している中小企業は非常に少なく、これではいつまで経っても、社員の力がつきません。大手には勝てないのです」

お客様：「どうしてなんでしょうか」

コンサル：「はい。残念なことに、研修を受けたあとは、みんなやる気になるけれど、1か月もすればすぐに元通りになってしまう。あれじゃあ、意味がないとおっしゃる経営者の方が多いからです」

お客様：「ああ、うちの社長も言いそうです」

コンサル：「研修を継続的に実施しない企業は、研修に即効性を求めてしまいます。ですからすぐに『投資対効果』という言葉を持ち出すのです。むしろ、研修は読書やサプリと同じで、継続的に実施することで少しずつ力がつくものととらえるべきでしょう」

お客様：「なるほど」

コンサル：「あと、先ほどお伝えした通り、研修事業者がとても増えています。質の悪い事業者も増えていますので、どのような視点で事業者を選ぶべきか、それについて知っていただきたく存じます」
お客様：「わかりました。教えてください」

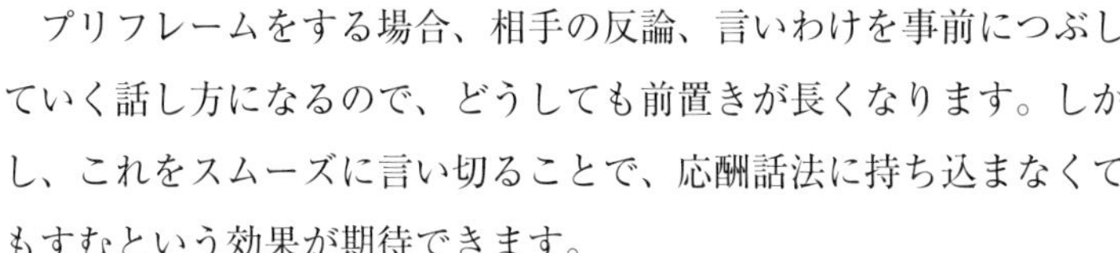

プリフレームをする場合、相手の反論、言いわけを事前につぶしていく話し方になるので、どうしても前置きが長くなります。しかし、これをスムーズに言い切ることで、応酬話法に持ち込まなくてもすむという効果が期待できます。

今回のように、「研修の実施自体を選択しない」という判断をする可能性がある場合は、研修の実施を選択しない言いわけ（理由）をさせないような、外堀を埋める話し方を準備しておくことです。

反論は「ありがとうございます」で

お客様から反論される際、ついつい相手の言葉を打ち消して反論し返そうとする人がいます。とくにお客様の言い分が的はずれだと、感情的になってしまうこともあるかもしれませんが、それでは成果に結びつくことはありません。

▶ Before

売り手：「……このような３つの特徴がある当社の商品、いかがでしょうか。多くのお客様にご好評をいただいています」

お客様：「お客様にご好評って言いましたが、そんなに多くのお客様に売れているわけではないんでしょ？」

売り手：「え、それは、どうしてですか。なぜ、そのように思われたのでしょうか」

お客様：「なぜと言われても……」

売り手：「当社のパンフレットにも書かれていますが、当社の商品はこの地区でNo. １のシェアを誇っています。10年以上、利用者の数は増え続けておりますが」

お客様：「あ、そうなんですね」

売り手：「先ほどパンフレットをお見せしましたよね。そのときにご説明したと私は記憶していますが」

お客様：「よく聞いていなかったかもしれません……」

売り手：「私の説明がよくなかったのでしょう。もう一度、こちらのパンフレットを使って説明させてください。どれくらい当社のお客様からご評価されているのか……」
お客様：「いや、もうけっこうですよ……」

家電メーカーの売り手が、取引先の企業に自社の商品をプレゼンしています。自社の商品に自信があるのは素晴らしいことですが、お客様からの反論に対して、感情的に返答してしまっているNG例です。

お客様の反論に対し、反論で返したくなるのはわかりますが、**セールストークの目的は、お客様を論破することではありません。**

このケースでは相手を完全に論破してしまい、お客様は「恥をかかされた」と思ってしまっています。これでは今後の関係構築が順調にいくとは到底思えません。

▶ After

売り手：「……このような3つの特徴がある当社の商品、いかがでしょうか。多くのお客様にご好評をいただいています」
お客様：「お客様にご好評って言いましたが、そんなに多くのお客様に売れているわけではないんでしょ？」
売り手：「ありがとうございます。ところが、そうではないのです。こちらのパンフレットで、ご説明させていただきますね」
お客様：「はあ」
売り手：「当社の商品はこの地区でNo. 1のシェアを誇っています。こちらのグラフで示されているように、10年以上、利用者の数は増え続けています」
お客様：「あ、そうなんですか」
売り手：「ありがとうございます。当社の商品の今があるのは、長

　　　　年にわたりお客様によって支えられたからだと受け止めています」
お客様：「すごく好評なんですね」
売り手：「はい。ありがとうございます」

【After】では、相手の反論に対して「ありがとうございます」で返答しています。このワンクッションがあることで、自分の気持ちを落ち着けることができます。また、相手も「おや？　反論したのに感謝された……」という気持ちになるため、反論を続ける気が薄れてくるという効果もあるのです。

【Before】は、相手の勘違いが原因で、話し手が頭にきてしまったケースでした。単なる勘違いによって反論されると、誰でもかちんときてしまうものです。商品を愛していればいるほど、その感情は強く出てしまうことでしょう。しかし、負の感情を前に出してもいいことはありません。

反論に対し、「ありがとうございます」と返すほど余裕のあるところを見せましょう。すぐさま実践できるように、日ごろから訓練しておくことが大事です。

「もちろん」「しかし」で譲歩の返報性を活用する

「譲歩の返報性」とは、「返報性の法則」のメソッドの１つです。相手に譲歩することで、相手もこちら側に譲ってくれる可能性が高まり、これがセールストークでも使えます。反対に、譲歩しなければ、お客様が頑なになってしまうこともあります。

▶ Before

担当者：「こちらが最終のお見積りです。値引き額はこちらに書かれている通りです。いかがでしょうか」

お客様：「ありがとうございます。10年ぶりに買う車です」

担当者：「はい、わからないことがあれば何でも私どもに聞いてください」

お客様：「そこで……。言いにくいことなんですが」

担当者：「え、どうされましたか？」

お客様：「できれば納車の日、隣の県のこちらの住所まで持ってきていただけないでしょうか。実は、来週からそこに引っ越すのです」

担当者：「そうですか……。しかし、それはできません。隣町ならともかく、隣の県ですし」

お客様：「やはり駄目ですか……」

担当者：「ええ、申し訳ありませんが……。ところで、以前ご提案させていただいた損害保険ですが、いかがでしょう？せっかくですから、この際見直したほうがいいと思うんですよね。かけ金も補償内容も変わらないどころか、当社で契約したほうがメリットがあるので」
お客様：「いや……けっこうです」
担当者：「そうですか？　少し手続きするだけで終わりますが」
お客様：「いや、もうけっこうです」

車のディーラーにて、担当者とお客様とのやりとりです。このケースでは、お客様が「なんとかお願いしたい」と切り出した要望をそっけなく断ってしまいました。そのため、お客様も担当者からの提案を迷うことなく断っています。

これも「返報性の法則」です。**たとえ譲歩できなくても、譲歩する姿勢を少しでも見せることが大事です。**そうすることで相手は、「譲ってくれて、なんだか申し訳ないな」と思うようになります。このタイミングで、追加のお願いをすると大変効果的です。

▶ After

お客様：「できれば納車の日、隣の県のこちらの住所まで持ってきていただけないでしょうか。実は、来週からそこに引っ越すのです」
担当者：「そうでしたか」
お客様：「難しいでしょうか？」
担当者：「そうですねえ」
お客様：「……」
担当者：「わかりました、なんとかしましょう」
お客様：「え、本当ですか！」
担当者：「しかし、1つだけ条件を言ってもいいでしょうか」

お客様：「何でしょう？」
担当者：「以前ご提案させていただいた損害保険です。せっかくですから、この際見直したほうがいいと思うんですよね。かけ金も補償内容も変わらないどころか、当社で契約したほうがメリットがあるとお伝えしました」
お客様：「なんだ、そんなことでしたか。損害保険くらい乗り換えますよ。手続きが面倒なだけだったので躊躇していましたが」
担当者：「ありがとうございます。それでは、納車の日を楽しみにしてくださいね」

【After】では、お客様がどうしても聞いてほしいお願いだということを汲み取った担当者が、難しいお願いでも聞き入れています。そして、すかさず追加の提案をして、すんなりOKをもらうことができました。こうしたことの積み重ねが、やがて大きな結果につながっていきます。

譲歩の返報性を狙う場合、すぐさま相手の要望を飲まないことです。すぐに了承してしまうと、こちらのお願いを聞いてくれなくなることがあるからです。

このケースで担当者は少し間を置いて、どうしようかと悩むふりをしています。相手を少しドキドキさせるくらいの感覚が、結果的にはよいクロージングにつながります。

rule 19 「それなら」で代替案を示す

どんなに入念なセールストークを準備しても、こちら側の提案が通らず、期待した返事をいただけないことも多々あります。しかし、そこであきらめていては、取れる仕事ももらうことができません。

▶ **Before**

売り手：「それでは、こちらの椅子はいかがでしょうか。屋外でじっくりと天然乾燥させた木材を使用しています」

お客様：「どれくらい天然乾燥させているんですか？」

売り手：「だいたい４～５年は寝かせます。それだけ素材にはこだわっていまして、１脚９万円となります」

お客様：「椅子１脚で９万円か……」

売り手：「当社と契約しているデザイナーは、世界的にも名が通っており、このデザインが大変人気です。この椅子もいつ売り切れるかわかりません。いかがでしょうか？」

お客様：「そうですねぇ、２脚で15万円にしていただけないでしょうか？」

売り手：「申し訳ございません。当社の商品はすべて、値引きを受けつけていないものですから」

お客様：「そうですか……」

家具販売の売り手が、店舗に来店したお客様と商談をしています。このケースでは、お客様の値引きの要望に対して、検討することもなく最後まで突っぱねる形で応対しています。これでは成約には進んでいかないことでしょう。

こういうときは、代替案を事前に用意したり、その場の対話で落としどころを見つけたりしていく姿勢が必要です。

▶ After

お客様：「2脚で15万円にしていただけないでしょうか？」
売り手：「申し訳ございません。当社の商品はすべて、値引きを受けつけていないのです。それなら、こちらの椅子はいかがでしょうか」
お客様：「え、何が違うんですか？」
売り手：「単純に言いますと、使っている木材の質が少し異なります。こちらも大変人気ですよ。2脚で15万円の品です」
お客様：「こちらも5年くらい天然乾燥しているんですか？」
売り手：「はい。素材へのこだわりは、どうしてもはずせないものですから」
お客様：「だったら、これにしようかな」
売り手：「ありがとうございます。飽きるどころか、10年、20年、使えば使うほど味わいが出てくる椅子です」

お客様が「イエス」と言うまで、次から次へと代替案を出すのは節操がありません。売れれば何でもいいという態度ではなく、あくまでもお客様のニーズに合った、代わりの提案を準備しておくことが大切です。

rule 20 「ちなみに」で追加購入（クロスセル）を試みる

「クロスセル」とは、ある商品の購入検討段階、もしくは購入後に、追加で別の商品の購入をおすすめする手法です。顧客単価をアップさせる重要なテクニックなので、クロスセル用のセールストークは、必ず準備しておくようにしましょう。

▶ Before

売り手：「当社が提供している受注管理システムは、過去200社以上に導入した実績があり、非常に評価されています。見積りの金額も、予算内におさまっています。いかがでしょうか」
お客様：「そうですね。見積書も当社の要望通りの値引きもしていただきましたし……」
売り手：「はい」
お客様：「それでは、決めせていただきます」
売り手：「そうですか！　ありがとうございます」
お客様：「社長も今回の受注システムの統合化については、大変期待しています」
売り手：「お任せください。それでは、手続きを進めさせていただきますね。今後ともどうぞよろしくお願いいたします」

契約が取れて売り手のほっとする気持ちはわかります。しかし、お客様にさらに提案できる商品がある場合、高額商品の契約時ほど追加で受注できるチャンスと覚えておくといいでしょう。

▶ After

売り手：「お任せください。それでは、手続きを進めさせていただきますね。ちなみに、こちらの受注管理システムの教育プログラムはいかがしましょうか？」

お客様：「教育プログラム？」

売り手：「はい。当社の場合、受注管理システムをパッケージで採用いただいたお客様だけに、ほぼ10%の金額で教育プログラムをご提供しているのです」

お客様：「え、たったの10%で？」

売り手：「システムが導入されてから別途注文されるよりは、今この時点で追加していただけると、私はうれしいですが」

お客様：「そうですか。全体の見積額からすると、たいした金額じゃないから、それは追加しておいてもらえますか」

売り手：「かしこまりました。それでは、教育プログラムも見積書に付記しておきますね。また別途、新しい見積書はお届けにまいります」

金額の大きな商談ほど、決まったあとはお客様も高揚しています。このときに、すかさず追加提案をするのです。

最初から提案に盛り込まず、あとで追加提案するほうが、決まる可能性が高まることもあります。

rule 21

紹介をもらいたいときは、間を置いてから「ところで」

金額の大きな商談ほど、決まったあとはお客様も高揚しているので、追加提案（クロスセル）を狙います。それと同様、「お客様の紹介」も促していきましょう。喜びに我を忘れていると、大事なタイミングを逸してしまいます。

▶ **Before**

売り手：「それでは、こちらの外構の費用をすべて値引きいたしますので、この場で決めていただけないでしょうか……」
お客様：「かしこまりました。お願いします」
売り手：「そうですか！」
お客様：「はい。ぜひ、いいお家をつくってくださいね」
売り手：「かしこまりました！　いやあ、うれしいです」

住宅メーカーの売り手が、マイホームを検討しているお客様と詰めの交渉をしていますが、見事契約に至りました。

家の購入などは、お客様と売り手は、ロングランのおつき合いになります。長いおつき合いのお客様に決めていただけてうれしいのはわかりますが、それでは成績は上がりません。

気分が盛り上がっているところで、「お客様を紹介してもらいたい」とストレートに言ってみましょう。長い間の関係性を築いていればこそ、お客様が親身になって紹介してくれる可能性が高まります。

▶ After

売り手：「完成までまだまだ時間があります。ぜひ、今後とも長いおつき合いをどうぞよろしくお願いいたします」
お客様：「もちろんです」
売り手：「ところで、もしよろしければ、お客様のご親族とか、お知り合いで、近々新築を建てる、もしくはリフォームしたいという方はいらっしゃいませんか？　もし、そういう方がいらっしゃれば、ぜひご紹介いただきたいと思いまして」
お客様：「そういえば、娘の同級生のパパが、そんなことを言っていたような気が……。今度、一緒にバーベキューやることになっているので、それとなく聞いてみますよ」
売り手：「ありがとうございます。すごくうれしいです」

このように、紹介をもらいたいときは、ストレートに伝えましょう。今回のケースのようにお客様とロングランのおつき合いの場合、相手はこちらに対して恩義を感じているものです。これも「返報性の法則」で、**「ここまでいろいろやってくれて、本当にありがたい」と相手が感じているときに、紹介を促していくと効果的です。**

ここで気をつけたいのは、お客様を紹介してくれたら１人につきいくら渡すといったインセンティブを提案しないことです。「この人はお金を渡せばなんとかなると思っている人だ」と思われてしまい、これまで築いてきた関係が崩れることもあるからです。

rule 22 「引き下がるときは明るく「またよろしくお願いします」」

たとえ、もう二度と会わないと思えるお客様であったとしても、最後まで丁寧な対応が必要です。往生際が悪いと、お互いとても後味の悪い思いをしてしまいます。

▶ Before

営　業：「いかがでしょう。当社のバーベキュー施設、レジャー施設は、若者にも大人気です。ぜひ、御社の旅行プランに加えていただきたいのですが」

お客様：「そう言われましても……」

営　業：「こちらのバーベキュー施設は、手ぶらで参加できることが特徴でして」

お客様：「そういう施設、他にいくらでもありますから」

営　業：「すみません、もう一度聞いてください。当社の都市型レジャー施設のアピールポイントは……」

お客様：「ちょっと、しつこいですよ」

営　業：「なかなか弊社の施設のよさをわかってもらえないようですね……」

お客様：「そんなこと言われても。あなたが勝手に飛び込み営業をしてきたんでしょう」

営　業：「他社さんにはとても評価いただいているのですが……」

お客様：「もう、帰ってください。これだから飛び込み営業の相手をするのはイヤなんだ」

旅行会社の営業が、社員旅行を計画している会社の担当者と話しているところです。まったく相手にしてもらえないイライラ感が出てしまい、相手を不快にさせてしまいました。

日ごろから誠実な営業活動をしていないと、いつの間にか思考に歪みが発生します。これは体の姿勢と同じで、そう簡単に元通りになりません。たとえ自分の思い通りにならなくとも、自分のために時間を使っていただいたことに感謝を示す姿勢が大事です。

▶ After

お客様：「そういう施設、他にいくらでもありますから」
営　業：「そうですか。かしこまりました」
お客様：「お役に立てなくて申し訳ないですが」
営　業：「いえいえ。突然、飛び込んで営業しているわけですから。お時間をいただきまして、ありがとうございました。またどうぞよろしくお願いいたします」
お客様：「はい。またご縁があれば」

スタイルにもよりますが、とくに新規開拓の営業であれば、勝率が5割以上になることはあり得ません。半分以上、それどころか、大半は断られるのが普通です。

いつも新規の開拓をしていない人ほど、断られ慣れていないものです。落ち込んだり、感情的になったりすることもあるでしょう。しかし、「営業活動とはそういうもの」ととらえ、「立つ鳥跡を濁さず」の精神で、気持ちよく引き下がりましょう。

第2章のまとめ

- うまくいくためには、交渉されないことが大前提
- 応酬話法の基本は押さえておこう
- 相手の反論には言い返すのではなく、いったん受け止める
- 応酬話法に頼らないように事前に布石を打っておく
- 「ああ言えばこう言う」タイプの言いわけは事前に潰しておく
- 負の感情を前に出してもいいことはない
- 〈譲歩の返報性〉を狙うときは、すぐさま相手の要望を飲まない
- まず受け止めてから、こちらの主張を柔らかく表現する
- お客様のニーズに合った代替案を常に準備しておく
- 相手が高揚しているときに、追加の提案をしてみる
- 紹介をしてほしいときはストレートに伝える
- 新規開拓では、断られても気持ちよく引き下がる

第3章

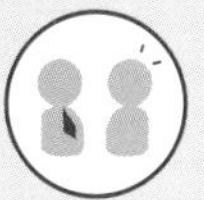

「接続詞」はトークの基本

rule 23

「どうしてかと言うと」で理由を強調する

お客様の心を動かすには、メリハリのあるセールストークを心がけましょう。説明の順番と文をつなぐ「接続詞」を変えることで、伝えたいことをうまく強調できます。

▶ Before

店　員：	「当社の靴は、左右のサイズ違いでの販売もしますので、高齢者や足に障がいを持つ方など、どんな人が履いても転びにくいんです」
お客様：	「へえ、そうなんですね」

靴屋さんで、店員が来店したお客様に商品の説明をしています。

この商品のポイントは「高齢者や足に障がいを持つ方が転ばない」という点です。しかし、最初に「左右サイズ違いでの販売もします」と言われると、聞いている側は頭の中ですぐにイメージをすることができません。そうなると、一番伝えたいポイントが相手に届きにくくなってしまいます。

▶ After

店　員：	「当社の靴は、高齢者や足に障がいを持つ方など、どんな人が履いても転ばないんです。どうしてかと言うと、左右のサイズ違いでの販売もしているからです」
お客様：	「え！　そうなんですか」

論拠を後ろに持ってくることで、より伝えたいことが明確になりました。こうすることで、トークにアクセントをつけることができます。

「どうしてかと言うと」といったあとに、少し「間」をとると、さらに印象的になります。

rule 24 「なぜなら」からはじまる伝わりやすい論理展開

セールストークのみならず、何らかの主張をする場合は、その論拠をしっかり伝えることが大切です。お客様に商材の提案をしたら、その論拠、理由をそのつどはっきり伝えるようにしましょう。

▶ Before

店　員：「こちらのクッキーの詰め合わせはイチオシの商品です。
　　　　ぜひ、いかがでしょうか？」
お客様：「そうですねぇ……」

デパートの地下のクッキー屋さんで、ふらっと訪れたお客様に店員が商品を案内しています。いい商品なのでしょうが、このような「単なる主張」では、お客様の視点に立った提案になっていません。

- ・なぜイチオシなのか
- ・売れないから、処分したいのか
- ・それとも利益率が高い商品だから売りたいのか

単なる主張だけを聞くと、お客様はこのようにいろいろと勘繰ってしまいます。お客様にとってメリットになる論拠をはっきりと伝えていきましょう。

▶ After ①

店　員：「こちらのクッキーの詰め合わせは、当店で一番の人気商品です。なぜなら、クッキーに使用したヘーゼルナッツがイタリア・シシリー産で、ナッツ本来の味が際立っているからです」
お客様：「へえ」
店　員：「使用しているバニラも、マダガスカル産の最高級品です。いかがでしょうか？」
お客様：「それは美味しそうですね。贈答用に2つください」

「クッキーに使用した素材がいいこと」を伝えることで、お客様にとっての「メリットの享受」が明確に理解されることになります。

こうした論拠になる説明が有効である場合もあれば、次のような「デメリットの回避」がおすすめする理由になることもあります。

▶ After ②

店　員：「こちらのクッキーの詰め合わせは、当店で一番の人気商品です。なぜなら、農薬、化学肥料などを一切使用していない国産小麦粉を使っているからです」
お客様：「へえ」
お客様：「過去の調査データによれば、日本市場の小麦粉には残留農薬がかなりの頻度で検出されていて、小さいお子さんがいるご家庭には、とくにおすすめできないのです【デメリット】」
お客様：「え、そうなんですか」
店　員：「でも国産の小麦粉なら安心です。少し値段は高めになりますが、使用している卵も、放し飼いで元気に育ったにわとりの有精卵ですし、とても健康的です【デメリットの回避】」

お客様：「持って行くご家庭にも小さいお子さんがいるから、そのほうがいいわね。じゃあ、贈答用に２つください」

この「メリットの享受」と「デメリットの回避」の両方を組み合わせることができたら、さらに論拠の力が大きくなります。

「デメリットの回避」→「メリットの享受」という順番で、これまでの例文を足してみましょう。

▶ After ③

店　員：「こちらのクッキーの詰め合わせは、当店で一番の人気商品です。なぜなら、農薬、化学肥料などを一切使用していない国産小麦粉を使っているからです」

お客様：「へえ」

店　員：「過去の調査データによれば、日本市場の小麦粉には残留農薬がかなりの頻度で検出されていて、小さいお子さんがいるご家庭には、とくにおすすめできないのです【デメリット】」

お客様：「え、そうなんですか」

店　員：「国産の小麦粉なら安心です。少し値段は高めになりますが、使用している卵も、放し飼いで元気に育ったにわとりの有精卵ですし、とても健康的です【デメリットの回避】」

お客様：「そうなんですね」

店　員：「体にいいだけではありません。とても美味しいんです。

クッキーに使用しているヘーゼルナッツがイタリア・シシリー産で、ナッツ本来の味が際立っているからでしょう【メリットの享受】」

お客様：「それは美味しそう」

店　員：「使用しているバニラも、マダガスカル産の最高級品です。いかがでしょうか」

お客様：「持って行くご家庭にも小さいお子さんがいるから、そのほうがいいわね。とても美味しそうだし。じゃあ、贈答用に2つください」

何かの意思決定をする場合、多くの人は何らかの「理由」をほしがるものです。お客様に気持ちよく決めてもらうために、わかりやすい「理由」を差し上げるのも、お客様に対する気遣いだととらえましょう。

rule 25

イメージが必要なときには「たとえば」

お客様もよく知っている商品ならともかく、そうでない場合は細心の注意を払う必要があります。セールストークが抽象的だと、お客様は商品をうまくイメージすることができません。具体的な例などを伝えることで、お客様の不安を取り除くことができます。

▶ **Before**

担当者：「社内の情報漏えい対策には、当社のセキュリティ対策のソリューションをおすすめいたします。当社に任せていただければ、優れたセキュリティ環境を手にすることができます」

お客様：「優れたセキュリティ環境、ですか……」

情報セキュリティ会社の担当者が、自社のシステムについて説明しています。いきなり「優れたセキュリティ環境」と言われても、お客様はピンときてないようです。

こうしたときは、例を挙げてお客様がイメージしやすいように説明するのがいいでしょう。まず、どのような情報漏えいが考えられるか、その例を挙げる場合、「たとえば」を使用して次のようなセールストークにしていきます。

▶ After ①

担当者：「社内の情報漏えい対策には、当社のセキュリティ対策のソリューションをおすすめいたします。当社に任せていただければ、優れたセキュリティ環境を手にすることができます。たとえば、ウイルス感染、メール、データの持ち出しなどに対しても、まんべんなく対策を行なっています」
お客様：「そうですか、それなら安心ですね」

一方、情報漏えいに対して、どのような対策が考えられるか。その例を挙げる場合は次のようにしていきます。

▶ After ②

担当者：「社内の情報漏えい対策には、当社のセキュリティ対策ソリューションをおすすめいたします。当社に任せていただければ、優れたセキュリティ環境を手にすることができます。たとえば、暗号化、デバイス制御、ログの記録と監視といった対策を行なっています」
お客様：「そうですか、それなら安心ですね」

「たとえば」を使うことで、「具体的な事柄の説明がはじまる」と相手も意識しやすくなります。

【After】の２例は別の内容を説明していますが、どちらも相手に届きやすい伝え方になっていませんか？

rule 26 話が散漫になりそうなときは「というわけで」

「というわけで」はお客様に商品を提案する際、おすすめする理由やセールスポイント、開発秘話など、ついつい話が長くなってしまったときに使える、便利な接続詞です。これから話す結論へと意識を向けさせる意図もあります。

▶ Before

売り手：「……すでに、商品化が進んでいたのにもかかわらず、技術部長からの、まさかの発言がありまして、開発がやり直しになったのですが、これが本当に大変でして、そのときの苦労を思い出しますと……」

お客様：「へえ」

売り手：「……と、このような創意工夫を続け、強靭なポリカーボネートを材料としたことで、これほどの機械強度を手に入れたのです。本当に苦労しました。いやはや……」

お客様：「はあ」

売り手：「このような大変な思いをして今日に至る、というわけです。……ええと、何の話でしたっけ」

お客様：「……」

商品開発のストーリーを熱く語る売り手ですが、お客様には響いていない様子です。自分の話に熱中してしまうと、セールストークの「現在地」を見失うことがあります。そうしていると、聞いているお客様も頭が整理できません。

「話が長くなりすぎた」と気づいたら、「というわけで」を使ってみましょう。

▶ After

売り手：「……すでに、商品化が進んでいたのにもかかわらず、技術部長からの、まさかの発言がありまして、開発がやり直しになったのですが、これが本当に大変でして、そのときの苦労を思い出しますと……」

お客様：「へえ」

売り手：「……と、このような創意工夫を続け、強靭なポリカーボネートを材料としたことで、これほどの機械強度を手に入れたのです」

お客様：「はあ」

売り手：「というわけで、エンジニアたちの妥協しない姿勢がデザイン面と機能面を両立させることに成功したこちらの商品、いかがでしょうか」

お客様：「なるほど、かなり熱のこもった商品なのですね」

「というわけで」により、散漫になってきた自分の話を整理することができるとともに、相手に一番伝えたいポイントをズバリと届けるきっかけにもなっていきます。

rule 27

相手が迷っているときには「具体的に言うと」

抽象的に説明しても、理解してもらえることはあります。しかし、相手が迷っている様子であれば、積極的に具体的な話を盛り込んでみましょう。

▶ Before

売り手：「当社の宴会プランはオプションも豊富ですし、現在大変お得になっています。いかがでしょうか」
お客様：「そうですねえ」
売り手：「50名以上を収容でき、宴会ができるホテルは他になかなかないと思います」
お客様：「そうでしょうねえ……」

ホテルのサービスを案内する売り手が、忘年会の宴会用に担当者にプレゼンしています。

「オプションが豊富」「大変お得」だけの情報では、お客様はなかなか決定することはできません。相手がイメージしやすい、具体的な例を挙げて説明していくことを心がけましょう。

▶ After

売り手：「当社の宴会プランはオプションも豊富ですし、現在大変お得になっています。いかがでしょうか」
お客様：「そうですねえ」

売り手：「11月中に決めていただきますと、こちらの３つのオプションをご利用することができます。具体的に言いますと、１つめが『A』というオプション。２つめが『B』というオプション。３つめが『C』というオプションです。１つめのオプション『A』からご説明しますと……」
お客様：「ふむふむ」

ここでは3つのオプションを具体的に説明しています。こうすると、聞き手の頭も整理され、印象に残りやすくなっていきます。

また、ここでは話を3つにしぼって伝えています。こうすることで、より相手に届きやすくなることでしょう。

具体的に説明する際には、目で見て確認できる「販促ツール」が手元にあると、さらに効果的です。

「こんな話がありまして」で話す他社事例は非常に有効

お客様が購入を意思決定する際、第三者の意見を聞きたくなるときがあります。相手が迷っているのを見届けてからではなく、そういうケースを最初から見越して、セールストークの最中に、さりげなくお客様の声や他社の事例を紹介しましょう。

▶ **Before**

担当者：「このように当社の情報システムは、これら３つの特徴があります。ぜひ、いかがでしょうか」
お客様：「そうですねえ」
担当者：「この最新のシステムは、当社が自信を持って世に出したサービスです」
お客様：「うーん」

情報システム会社の担当者が、導入を悩む総務担当者に説明をしている場面です。ここでは自社商品の紹介に終始しています。そうなると相手は、「他の商品を見てからにしよう……」となり、その場での決定は先送りされることが多くあります。

競合他社が多かったり、導入に際して価格などのハードルが高かったりする場合、「自社目線」ではなく「他社目線」を入れて語ってみましょう。

▶ After

担当者：「このように当社の情報システムは、これら３つの特徴があります。当初は２つの特徴だったのですが、最後の１つは最近増えたものなのです」
お客様：「え、そうなんですか？」
担当者：「実は、こんな話がありまして……。このシステムを導入してくださった50社にアンケートをとったところ、そのうち80％が当社のアフターサービスをご評価くださったのです」
お客様：「へえ」
担当者：「私どもとしては、システムの機能性にずっと着目して開発していたので、まさかアフターサービスを評価いただけるとは、という発見がありました。ここまで高い評価をいただいているため、あえて特徴の１つに入れさせていただいております」
お客様：「でも、それって大事な特徴ですよね」
担当者：「ありがとうございます」

「50社のアンケートの結果」「80％が評価」という具体的な数字が説得力を増しています。こう伝えることで「他社も有効に使っている商品だな」ということがより相手に伝わりやすくなります。そうなると、「じゃあ、うちも契約してみようかな」となったり、場合によっては「今すぐ契約したい」という気持ちにさせたりすることができます。

押し売りの「自社目線」ではなく、社会的認知の「他社目線」を意識していきましょう。

「一見すると」で意外な特徴を誇示

お客様は、印象や先入観だけで商品やサービスをとらえてしまうことがあります。事前に一言添えておかないと、相手の先入観や誤解をとくことができません。

▶ Before

担当者：「こちらのティカル遺跡は、マヤ文明においても、秘境中の秘境です。いかがでしょうか。パンフレットを見てください。ジャングルの中から首を突き出したように見える神殿を早朝に訪れるツアーは非常に神秘的で、とくに人気です」

お客様：「ええ、まあ」

担当者：「お客様が望まれる秘境ツアーとは、このようなものではありませんか」

お客様：「そう、ですねえ……」

担当者：「何か気になる点でも？」

旅行会社の窓口で、秘境ツアーを知りたいと来店したお客様に、担当者が説明をしています。ここでは、お客様が望むツアーについて、一方的に担当者がティカル遺跡のツアーをすすめています。しかし、お客様はピンときていない様子で、このツアーを望んでいないことを雰囲気から感じ取るべきでしょう。

お客様は自らが思い込んでいることは、口に出さないものです。

しかし、その思い込みに気づかないと、どんなことを望んでいるのか、逆に望んでいないのかを把握しようがありません。

▶ After

担当者：「このツアーですが、一見するとジャングルに囲まれていて、安全面、衛生面、いろいろと不都合なことがありそうに見えますが、意外とそうでもないのです」

お客様：「え、そうなんですか？」

担当者：「アメリカやヨーロッパの富裕層が参加するツアーも多いですから、それなりに設備の整ったホテルもあります。奥様のような女性客も多いですよ」

お客様：「へえ」

担当者：「冷房完備。プール付きのホテルもあります。日本語は通じませんが、英語が通じるスタッフも多いので、安心して秘境ツアーを楽しんでいただけます」

お客様：「それなら私でも行けそうですね」

【After】では、安全面の説明をすると、お客様が安心感を得たことがわかります。各国の富裕層が参加しており、女性客も多いというメッセージが後押しとなり、お客様はこのツアーに決めた様子です。

お客様がどんなところで誤解や勘違いをしやすいか。常にお客様の声を拾っていくことで、セールストークに何を盛り込むべきかを事前に対策することができます。

rule 30

「一方で」で他社商品と比較する

他社の商品と比較されやすい場合は、お客様から質問される前に、他社商品と自社商品を比較して伝えましょう。「どのようなことを比較すべきか」もこちらから提示したほうが、より説得力は高まります。

▶ Before ①

売り手：「当社の営業支援システムのセールスポイントは３つあります」
お客様：「はい」
売り手：「名刺登録機能、モバイルとの連携、直感的な操作性、この３つです」
お客様：「はあ」
売り手：「まずこちらの名刺登録機能ですが――（略）」
お客様：「あの、すみません」
売り手：「え、何でしょう？」
お客様：「それくらいの機能、他の営業支援システムでも搭載していると思いますが」
売り手：「もちろん、そうかもしれません。しかし、こちらの比較表を見ていただければわかるように、わが社のシステムのほうが……」
お客様：「……」

営業支援システムについて、売り手がそのポイントを説明しています。競合他社が多い商品は、お客様も目が肥えており、商品知識も豊富です。甲乙つけがたい中での比較検討となっているケースが多いため、ありきたりなポイントを話しても有効打にはつながらず、下手をすれば似たりよったりと思われてしまいます。

また、競合商品と比較をする場合、自社商品が優位に立てるポイントだけを比べることは避けましょう。都合のよい部分だけをアピールしていると受け止められるからです。

▶ **Before ②**

売り手：「当社の営業支援システムのセールスポイントは３つあります」

お客様：「はい」

売り手：「こちらの比較表をご覧ください。名刺登録機能、モバイルとの連携、直感的な操作性、この３つです」

お客様：「はあ」

売り手：「このように、他社のシステムと比較した場合、すべての機能が上まわっているのです」

お客様：「そうですか」

売り手：「いかがでしょうか？」

お客様：「他社には、GPS機能が搭載されているシステムもありましたが、こちらのシステムにはないんですね」

売り手：「……ええと、そうですね。一応はあります」

お客様：「一応？　そこ、もう少し詳しく聞かせてもらえませんか」

売り手：「GPS機能が必要なのでしょうか？」

お客様：「そうではないですが、どういう機能になっているのか、知りたいと思いまして」

「他社より上まわっている」と説明したあとで、GPS 機能がないことを指摘されてしまいました。そうなると、お客様からは「この人が言っていることはアテにならない……」と思われてしまい、まず選ばれることはないでしょう。

競合他社との比較は、できる限り客観的事実をもとにして、正直に伝えたほうが、好感が持たれます。

▶ After

売り手：「当社の営業支援システムのセールスポイントは３つあります」

お客様：「はい」

売り手：「名刺登録機能、モバイルとの連携、直感的な操作性、この３つです」

お客様：「はあ」

売り手：「こちらの比較表をご覧ください。他社商品と比べても、こちらの３つは当社システムのほうが上まわっています」

お客様：「たしかに」

売り手：「一方で、GPS機能とシステムの拡張性は△です。この点においては、当社システムよりも優れているのがＸ社とＷ社のシステムです」

お客様：「なるほど」

売り手：「価格も△です。最も安価なのがＶ社のシステムです。こちらはカスタマイズ機能に制限があるから、このような低価格を実現しているのだと思います。テンプレートのみで十分であるなら、V社のシステムは手頃です」

お客様：「へえ」

売り手：「X社のシステムが最も高価格帯です。高性能なGPS機能が搭載されており、それぞれの営業が、どのような経路で移動し、どれくらいの時間、どの場所に滞在しているかも記録できます」

お客様：「はあ」

売り手：「そのような機能まで必要であれば、X社のシステムが一番でしょう。価格は高めですが、それだけの価値はあると思います」

お客様：「うーん、なるほど」

売り手：「当社のシステムは、そこまで高機能ではありませんが、長く使っていただくための十分な機能は取りそろえております」

自社が劣っている部分を認めつつ、それでも自社ができることをアピールしており、好感が持てる内容です。

競合他社をきちんと研究し、他社の商品の長所はしっかりほめ、そして自社商品もしっかりアピールする。このような姿勢のほうが、お客様にも評価されることでしょう。

第3章のまとめ

- 気持ちよく決めてもらうため、わかりやすい「理由」を提供する
- 論拠をうしろに持ってくることで、伝えたいことが明確になる
- 「たとえば」で具体的な事柄の説明がはじまることが伝わる
- 「というわけで」は一番伝えたいことを届けるきっかけになる
- 具体的な説明をする際には販促ツールがあれば効果的
- 押し売りの「自社目線」ではなく、社会的認知の「他社目線」で
- どんなところで誤解や勘違いが起こりやすいのか、お客様の声に注意してみる
- 他社の商品の長所はしっかりほめつつ、自社商品をアピールする

メールに頼らず「面と向かって」話す重要性

私は営業コンサルタントとして、営業活動についてはそれなりに熟知しているつもりです。正直なところ、世の中に「営業がやって来るのを今か今かと待ち望んでいるような人」は、ほとんどいません。訪ねてきたのが営業だとわかると、多くの人はなんとなくネガティブに受け止めます。

オフィスで訪問を受けたら、「いないと言ってくれ」と居留守を使いたくなる人も多いでしょう。なぜだかわかりますか？

営業に会って、何かを提案されたら断れない可能性があるからです。電話にも出たくない人がいます。電話でも断れない気がするからでしょう。

しかし「メールならいい」と言う人は多いものです。そのため、「あとでメールしてくださいと言っといて」と伝言を残すのです。

裏を返せば、面と向かってセールストークすることで、お客様は断りづらくなるとも言えます。

つまり、「面と向かって」話すシチュエーションを作らなければ、いかにセールストークを磨こうとも効果は低いということです。

セールストークがそれほど優れていなくとも、面と向かって話す機会が多ければ、そのほうが成約率が高まるのです。

どうしても「面と向かって」話すのが難しいのであれば、最低でも電話をすることをおすすめします。

面談や電話が苦手だからといって、メールなどに頼ったセールストークはできる限り避けましょう。

非言語情報が伝わり、双方向でやりとりができる面と向かってのコミュニケーションが、いちばん素早く目的に近づけるからです。

セールストークの中身を磨くと同時に、継続的にアポイントを取れるよう工夫していきましょう。

第4章

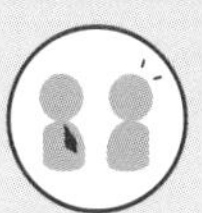

「説得力」で相手を導く

説得力を高めるには、「下調べ」をして論理展開を固める

トークの説得力を高めるには、話の中身が論理的でなければいけません。その提案の中身がお客様の利益を支援できるという「論拠」を、セールストークで正しく伝えることが重要です。

▶ Before

営　業：「当社のサイトに掲載できれば、お店の売上は倍増しますよ。いかがでしょうか？」
お客様：「毎月10万円かかるんでしょ？」
営　業：「そうですが、お店の売上が倍増するんですよ。毎月10万円の広告費なんて安いものです。いかがでしょうか？」
お客様：「あなた、うちの店の売上がいくらあるか知ってんの？知らないのに、どうして倍増できるって言えるわけ？」
営　業：「……」

広告代理店の営業が町のパン屋さんに、広告出稿のセールスをしています。

「毎月10万円でお店の売上が倍増する」などといった、根拠もなく「おいしい話」を並べても説得力はありません。反対に、信頼されなくなるだけで、いいことはないでしょう。大事なのは、相手の情報を下調べしたうえで、正しい論拠を使って提案することです。

▶ After

営　業：「調べてみますと、貴店のお客様の大半は、この町の半径10キロ以内から来店されていることがわかりました」

お客様：「そうそう、隣の市からは、ほとんど来ないよ」

営　業：「それでしたら、市内で閲覧回数が多い、こちらのサイトにしぼり込んで広告を出すというのは、いかがでしょうか？　これまでの当社の実績からすると、コンバージョン率はこれくらいになります」

お客様：「サイトに訪問した数と、実際に来店した人の数の割合のことだよね？　案外、少ないんだね」

営　業：「これを市内ではなく、県内にまで広げてしまうと、こんなにコンバージョン率は落ちます」

お客様：「うわ、これじゃあ低すぎる」

営　業：「いくらローカルとはいえ、テレビCMがいかに高いかはご存知でしょう。その点、当社が手がけるネット広告は地域に限定しているので、コストパフォーマンスが高いです」

お客様：「なるほど。そういうことか。今の時代、これくらいの広告費に抑えておいたほうがよさそうだね」

ここでは、提案するお店の情報を事前に調べて話を進めています。それだけでも競合にリードすることができます。そこから、相手の費用対効果を換算したデータを提供することで、より信頼度を勝ちとることができていきます。

「お客様の声」「当社調べの満足度調査」では、あまり客観性がありません。より説得性の高い論拠にするために「客観的なデータに基づく事実」を使うよう、心がけましょう。

rule 32

必ず「結論」から言う

質問によってお客様のニーズを把握し、商品の提案をするときは、必ず「結論」から言いましょう。起承転結を意識したストーリー形式で話す人が多くいますが、よほど上手に話さない限り、お客様が聞く耳を持ち続けてくれることはありません。

▶ Before

営　業：「……お客様のご要望は、こちらの３点で間違いないでしょうか？」

お客様：「はい。そうです」

営　業：「それなら、ぜひ当社にお任せいただけませんか。少し、当社の創業ストーリーをお話させてください。実は、先代の社長が当社を創業した際、最初はまったく別の事業をはじめたそうです」

お客様：「はあ」

営　業：「ところが５年も経つと、奥様が病気で倒れまして、それで創業者は事業をしながらも看病に時間を費やすのですが、どんどんお金がなくなっていって……」

お客様：「はあ……」

営　業：「挙句の果てに、創業して７年後には、取引先がバッタバッタと倒産しましてね。借金まみれになってしまったそうです」

お客様：「……」

医薬品メーカーで薬を売っている営業が、薬剤店でセールストークをしているところです。創業者が苦労して今の事業にたどり着いたということを説明しているのですが、時系列で話しはじめると、結論にたどりつくまで、お客様の集中力が持続しづらいことがわかります。結論、つまり「オチ」から話すように心がけましょう。

▶ After

営　業：「……お客様のご要望は、こちらの３点で間違いないでしょうか？」

お客様：「はい。そうです」

営　業：「それなら、ぜひ当社にお任せいただけませんか。何せ、当社は創業して60年。ジェネリック医薬品の取り扱いをはじめて、もう半世紀もたつほどの実績があります【結論】」

お客様：「はい」

営　業：「常時1000品目に及ぶジェネリックをそろえ、安定供給には自信がありますし、こちらの資料に掲載されている多数の関東圏の医療機関、薬局様とお取り引きさせていただいております【オチ】」

お客様：「老舗のジェネリックメーカーなんですね」

営　業：「はい。実は、先代の社長が当社を創業した際、最初はまったく別の事業をはじめたそうです」

お客様：「へえ」

営　業：「ところが５年もたつと、奥様が病気で倒れまして……」

最初に「ジェネリック医薬品の長年にわたる取り扱い実績があ

る」という結論を示すことで、相手に自社が行なっている事業のメリットが端的に伝わります。

結論を最初に示すことで、相手が話に興味を持ってくれる確率が高まります。そして、次に繰り出すのが「オチ」です。ここではしっかりと自社の強みをピーアールすることができています。オチで相手の心をつかみ、話を聞いてもらえたことで、「老舗のジェネリックメーカー」という部分も強調して伝わっていくことがわかります。

話を聞いてくれる相手も、いつも時間があるとは限りません。そのためにも、**最初に「結論」から話して、相手がこちらの話を聞きたい、という姿勢にもっていくことが大切です。**ぜひ実践してみてください。

rule 33 「断定口調」だとお客様を迷わせない

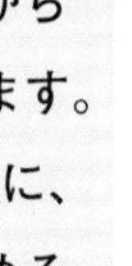

「思われます」はともかく「思います」は、口癖になっている方も多いでしょう。私も研修講師をするとき、ついつい、「これからセールストーク研修をはじめたいと思います」と言ってしまいます。「これから、セールストーク研修をはじめます」と言えばいいのに、です。ふだん使いならともかく、セールストークの説得力を高めるには断定口調にするよう心がけましょう。

▶ Before

営　業：「お子様もまだ小さいですし、ご予算なども考えますと、こちらの物件が私はいいと思います」
お客様：「そうですか」
営　業：「何か、気になる点でもありますか？」
お客様：「この地域の治安は本当にいいのでしょうか？」
営　業：「ええ。そう思われますが」
お客様：「うーん……」

住宅メーカーの営業が、家の購入を検討するお客様と話しています。家という人生で一番大きな買い物をするのに、目の前の担当者が「思います」という返答しかできないのでは、心もとないと感じられても仕方ありません。

無意識のうちに「思います」「思われます」を使ってしまう人は、意識的に使わないようにしたいものです。

とくにクロージングするときは、より強く意識していきましょう。

▶ After

営　業：「お子様もまだ小さいですし、ご予算なども考えますと、こちらの物件がおすすめです」
お客様：「そうですか」
営　業：「何か、気になる点でもありますか？」
お客様：「この地域の治安は本当にいいのでしょうか？」
営　業：「もちろん絶対に安全というわけではありませんが、こちらのデータにもある通り、県内では治安がいい地域です」
お客様：「ああ、そうですね」

【Before】と【After】を比べると、先ほどの「思います」は何か自信のなさ、責任の所在の曖昧さが相手に伝わるようなイメージがしないでしょうか。

【After】では、「おすすめです」と言い切って、相手に安心感を与えています。そして、データの根拠も示すことで、より説得力を持って相手に伝えることができています。

このように言い切るために大切なこととして、自社商品に関することのデータは、可能なかぎり取得しておくことを心がけましょう。何も知らないお客様にとって、データは唯一無二の重要な判断材料として機能します。この本で学ぶ「セールストーク＋データ」の知識があれば、お客様を迷わせることはありません。

rule 34 「ストーリー」でお客様を魅了する

お客様の要望を聞いて、それに沿った提案をする場合は、結論から簡潔に話したほうがいいでしょう。ただ、商品の背景にある知識を知らないお客様にとっては、ポイントだけを伝えられてもピンとこないことがあります。そんなときはストーリーを織り交ぜると効果的です。

▶ Before

担当者：「私がおすすめするこちらの車の特徴は、何と言っても居住性、乗り心地、そして燃費のよさです」

お客様：「はい」

担当者：「とくに当社が開発したハイブリッドシステムは、素晴らしい乗り心地と、燃費のよさを高い次元で両立させています。いかがでしょうか」

お客様：「ハイブリッドと言われても、あまりよくわからなくて……」

担当者：「とにかく、画期的なシステムなんです。何年も乗っていただければ、違いがわかりますよ」

お客様：「そういうものなのでしょうか……」

車のディーラーにて、担当者がお客様にハイブリッドシステムについて力説しています。お客様はこの車に興味はあるものの、機能性だけを聞いてもあまり響いていない様子です。

お客様が機能的にピンときていないのであれば、ストーリーでセールスポイントに奥行きを持たせることで、説得力を増すことができます。

▶ After

担当者：「私がおすすめするこちらの車の特徴は、何と言っても居住性、乗り心地、そして燃費のよさです」

お客様：「はい」

担当者：「とくに当社が開発したハイブリッドシステムは、素晴らしい乗り心地と、燃費のよさを高い次元で両立させています」

お客様：「へえ」

担当者：「当社がハイブリッドシステムの研究をスタートさせたのは、オイルショックの後からです。つまり、1973年のこと【ストーリー】」

お客様：「え、50年近く前じゃないですか」

担当者：「そうなんです。当時はモーターや電池の性能が不十分でしたから、研究は頓挫。社内からも、そんな研究は不要だという声が上がったほどです【ストーリー】」

お客様：「……」

担当者：「それでも当社はあきらめませんでした。ようやく日の目を見るのは約20年後のこと。ついに試作品ができたのです。まだモーターショーにコンセプトカーを出すまでにはいたっていませんでしたが、明らかな第一歩を踏み出しました【ストーリー】」

お客様：「……」

担当者：「コンセプトカーが出来上がったのは、さらに５年の歳月が――」

ストーリーを話すには、時系列に、ディテールをしっかりと盛り込むことです。そのときのポイントは２つ。**「固有名詞」**と**「数字」**です。

この例では、研究に関する年数を強調して伝えています。他にも、ハイブリッドシステムの研究をしていたのは何人だったか。どこの研究所でやっていたのか。そのときの社内の立ち位置はどんな風だったのか。どのモーターショーに出品しようとしたのか。そのときの入場者数は。そのときの反応は……。**細かく話せば話すほど臨場感が出て、お客様は引き込まれていきます。**

手元に資料を置かず、すらすら話せるようになると、よりお客様を魅了することができるでしょう。

お客様は商品の機能だけに意識を向けているのではなく、その商品の情緒的な側面も購入することも少なくありません。いわば、ストーリーを購入するわけです。

rule 35

ストーリーには必ず「しかし」を入れる

物語に必要な要素は「葛藤」と「衝突」です。この2つの要素があることで、心を動かすストーリーになります。「しかし」から、奥深いストーリーを展開していくことができます。

▶ Before

売り手：「こちらの会計ソフトは、今から5年前、社長自らが開発に乗り出したのです。そのときに出資してくれたのが、ベンチャー企業の支援を手がけるMさんだったのです」
お客様：「へえ」
売り手：「2年後にはプロトタイプが完成し、3社に試験導入してテストを繰り返しました」
お客様：「はあ」
売り手：「完成したのは昨年1月です。3月に新商品発表会を大々的に行ないまして、たった半年で100社から受注をいただいたのです」
お客様：「へえ、それはすごいですね」

会計ソフトを扱う会社の売り手が、企業の担当者に自社商品の説明をしています。このような、「Aになって、Bになって、Cになったんです」という表現では、単なる情報の羅列になり、ストーリーというよりプロファイルです。

ドラマでも、とんとん拍子にうまくいくような脚本であれば、誰も引き込まれません。どんな物語でも１つや２つ「葛藤」や「衝突」があるものです。それを見つけ、お客様の心をつかむようなストーリーに仕上げましょう。

▶ After

売り手：「こちらの会計ソフトは、今から５年前、社長自らが開発に乗り出したのです。社長は以前、金融関係の仕事をしていたので人脈がありました。ですから、すぐに資金は調達できると考えていたようです」

お客様：「へえ」

売り手：「しかし、考えが甘かったそうです」

お客様：「えっ」

売り手：「そんな会計ソフトなんて誰も買わない。誰も買わないような会計ソフトに期待などできない。そう言われて、つき合いのある銀行やファンド会社に、ことごとく融資を断られてしまうのです」

お客様：「へえぇ。それで、どうされたんですか？」

売り手：「そのときに出資してくれたのが、ベンチャー企業の支援を手がけるMさんです。メディアでもよく登場する、カリスマ投資家。そのMさんが出した条件というのが……」

お客様：「そ、その条件というのは？」

映画や小説でもわかる通り、ストーリーというのは、決して１本の道路のように、真っすぐ話が終わることはありません。セールストークでも、お客様を引きつけるには起伏が必要です。

rule 36 意外な展開を示唆する「ところが」

「しかし」に代表される逆説の接続詞よりも、意外な展開を示唆するのが「ところが」です。驚きの展開をするようなストーリーなら、あえて「ところが」を入れていきましょう。

▶ Before

営　業：「リチウムイオン電池の開発チームが立ち上がったのは、今から20年以上も前のことです。温暖化ガスの排出量が多い自動車を、どのようにしたら環境に優しいものに変えられるのか。当時の開発部長が、革新的な電池を生み出すしか方法がないと言い、実現したのです。最初は順調だった開発プロジェクトですが、すぐに頓挫します」

お客様：「どうしたんですか？」

営　業：「寿命が短いし、安全性が低いし、充電時間は長いし……で、なかなか市場のニーズにこたえられるような商品が完成しないのです。しかし、大変な苦労がありましたが、10年ほどして完成しました。それが、こちらの商品なのです」

お客様：「へえ」

リチウムイオン電池を扱うメーカーの営業が、お客様に商品開発の話をしています。シナリオは悪くないのですが、何か物足りません。

意外な展開を盛り込むことで、相手が感情移入をして、聞き手であるお客様の心を揺さぶることができます。

▶ After

営　業：「寿命が短かく、安全性が低い、そして充電時間は長い……市場のニーズにこたえられるような商品が完成しませんでした」
お客様：「そうでしたか」
営　業：「ところが！」
お客様：「えっ？」
営　業：「ここで救世主が現れました。ドイツのZ社から派遣されたエンジニアたちが、素晴らしいアイデアをもたらしてくれました。それがパンフレットに載っているこちらです」
お客様：「……」
営　業：「このアイデアによって、奇跡的にこの革新的な電池を完成することができたのです。大変な苦労がありましたが、やはり神様は見ているのですね。今では、これだけ多くの企業様に当社のリチウムイオン電池が採用されています」
お客様：「すごいですね」

お客様の心にインパクトを与えるためには、少し大げさに言うくらいでちょうどいいのです。第1章「『リアクション』は多少オーバーに」の項でもお伝えしましたが、ここでも**舞台役者にでもなったつもりで、身振り手振りを交えながら熱く語りましょう。**

お笑い芸人が照れながら話したら、決してお客様は笑わないでしょう。それと同じで、お客様の心を動かすためには照れずに、熱く語ることが大事なのです。

rule 37

全体像からはじめて部分を説明する「ホールパート法」

「ホールパート法」とは、最初に話の全体像（WHOLE）を相手に伝え、それから部分（PART）を説明する話し方です。相手の頭を整理させるうえで、とても簡単で効果的なコミュニケーション技術です。セールスポイントを伝えるときに、活用してみてください。

▶ Before

担当者：「今回、お客様にご提案するのは、こちらのベッドです。当社のベッドは睡眠科学を生かした商品開発をしていますので、安心して熟睡することができます」

お客様：「へえ」

担当者：「まず、マットレスに使われているスプリングが違います。５年かけて研究し、２年かけて開発した傑作です」

お客様：「ほう」

担当者：「通気性も優れています。夏は涼しいですし、冬はとても暖かいです。これも当社開発のスプリングの効果です」

お客様：「はあ」

担当者：「体圧の分散にもスプリングは効果を発揮します。というか、これが一番のセールスポイントと言っていいでしょう」

お客様：「……」

ベッドメーカーの担当者が、お客様に商品の説明をしています。

とてもよい商品ということはわかるのですが、「あれもこれも」となると、相手は判断に迷ってしまいます。

▶ After

担当者：「今回、お客様にご提案するのは、こちらのベッドです。お伝えしたいのは、なんと言っても「信頼性」です。お客様に指示されて、安定経営の創業50周年を迎えております」

お客様：「50年、なかなかのものですね」

担当者：「ご支持いただけている理由は３つあります。弾力性、通気性、体圧分散性の３つです」

お客様：「なるほど……」

担当者：「まず、弾力性についてご説明させていただきます。なんと言っても、マットレスに使われているスプリングが違います。この定番商品は、５年かけて研究し、２年かけて開発した傑作です」

担当者：「この弾力性があるからこそ、お客様の快眠を約束するのです。当社が開発したスプリングが……」

【After】では、「信頼性」という「全体像」でお客様に興味関心を抱いてもらいます。そして、「支持されている３つの理由」を提示することで、スムーズなセールストークが展開されていくのです。

いくらいい商品でも、最初から枝葉の説明をすると、お客様の心に響かせることはできません。全体から細部へ、ぜひ意識してみてください。

rule 38 「3つ」の伝え方は、「まず」「次に」「そして」

セールストークで気をつけるべきは、お客様にわかりやすく伝えることです。お客様が話の内容を理解できなければ意味がありません。そのためには、お客様の頭が整理できるように話すことを心がけましょう。

▶ Before

営　業：「当社のマンションの特徴は、省エネ、省コストを実現するエネルギーシステムです。電力をマンションで一括受電しておりまして、マンション全体のエネルギーを管理しているんです」

お客様：「へえ」

営　業：「他にも特徴がたくさんあります。選任のコーディネーターがいますので、キッチンや収納からリビングのデザインまで、すべてオーダーメイドで仕上げることができます。ここにお客様の声が書かれてありますので、ご覧ください……」

お客様：「はあ」

マンションを販売する住宅メーカーの営業がお客様に説明をしています。こうした形で、商材の特徴をすべてお客様に伝えたいという気持ちはわかります。しかしアピールすればするほど、どこか空まわりしていないでしょうか。

アピールしたい内容が数多くある場合、伝えるのは「3つ」にしぼり込むことをおすすめします。その際に意識して使ってほしいのが次の伝え方です。お客様の頭も整理できますし、記憶に残すこともできます。

▶ After

営　業：「当社マンションの特徴は3つあります。まず、オーダーメイドデザイン。次に、エネルギーシステム。そして、サポート体制。この3つです。それでは最初に、オーダーメイドデザインについて、簡単にご説明します」

お客様：「はい」

営　業：「当社には、選任のコーディネーターが7名おり、キッチンや収納からリビングのデザインまで、すべてオーダーメイドで仕上げることができます。たとえばこのような……」

人を説得するには3つくらいのポイントで必要十分だ、ということです。5つも6つもポイントが多くなると、今度は覚えられなくなります。

3つの特徴を列挙したい場合、最初に出てくる言葉は「まず」です。そのあとが「次に」、そのあとが「そして」もしくは「さらに」「最後に」です。「まず」「次に」「そして」と覚えましょう。

指の本数で示しながら、「1つ目に」「2つ目に」「3つ目に」と、数字で指し示すのもわかりやすいやり方です。

第4章のまとめ

- 「客観的なデータに基づく事実」を話すと、より説得性が高まる
- 最初に結論を話すだけで、内容が端的に伝わる
- 言い切ることで、相手に安心感が伝わる
- ストーリーには「固有名詞」と「数字」を入れ込む
- 起伏に富んだストーリーが伝わる
- 相手の心を動かすためには、照れずに熱く語る
- まず全体像を伝えてから、枝葉の説明をする
- セールスポイントは3つにまとめる。3つの説明は「まず」「次に」「そして」の順番で

「値引き」されると気分が悪くなるお客様もいる！？

「値引き」は多くの場合、お客様にとってメリットのあることです。

しかし「値引き」によって、お客様の購買意欲がなくなり、財布のヒモを固くしてしまうことさえあるのです。

たとえば、雑誌でチェックした洋服がとても素敵で、紹介されていたお店を訪れてみたとします。通常価格は「2万3000円」。少し値が張りますが、素敵な洋服だったので、妥当な値段だと受け止めていました。

ところが実際にその洋服を前にしたところ、店員がすぐに寄ってきて、「それ、値引きできます」と言われたら、どんな気分になるでしょうか？

「通常価格2万3000円のところ、今なら1万9000円でお渡しできます。いかがでしょうか」

すぐに値下げしたことで、この場合、かえって購買意欲をなくすこともあります。お客様が「ほしいけど高い。もっと安かったらいいのに」と思っていたら、お客様にとって、とても喜ばしい提案です。しかし、値段を安くして喜ばれるケースは、商品の価値基準が変わらない場合に対してのみです。

こんな例もあります。2つの自動販売機が並んで設置されてあり、どちらにもまったく同じ銘柄、同じ容量の缶コーヒーが売っていて、右側の自動販売機では「130円」で、左側の自動販売機では「100円」だった場合、誰もが迷わず「100円」のほうを購入することでしょう。どちらの缶コーヒーも同価値だと受け止めるからです。

しかし、銘柄が違うケースではどうでしょうか？　右側の自動販売機で売られている130円の缶コーヒーは、コーヒー専門のメーカーが作っています。左側の100円のものは、大手飲料メーカーが作った缶コーヒーです。それでも多くの人は100円の缶コーヒーを選ぶでしょうが、中には「コーヒー専門メーカーが作った缶コーヒーだから30円高いのかもしれない」と思い込む人もいます。

実際に飲み比べてみても、「たしかにこちらの130円の缶コーヒーのほうが香りが高く、おいしい気がする。やっぱり130円のほうがうまい」と感じたりします。

このように、「価格が高い」というだけで、あたかもその「価値も高い」と思い込む心理作用のことを「ヴェブレン効果」と呼びます。アメリカの経済学者、ソースティン・ヴェブレンが『有閑階級の理論』（筑摩書房）で紹介した理論です。

プライス戦略を考えるうえで、これは重要な概念です。そして、このようなバイアスがかかりやすいお客様も、たくさんいるのです。

先述した洋服の例も、「通常価格2万3000円のところ今なら1万9000円で」と販売員から提案されたら、「もともと2万3000円の価値はなく、1万9000円の価値しかないのでは？」と受け止めることでしょう。

何らかの条件の元に値引きされたのならともかく、店員のほうから積極的に値引き提案をされた場合、価格に対する信頼性は著しく落ちます。そのため、お客様は商材に対する正しい価値判断ができず、さらに値引きの要求をしたくなるのです。

「売れない理由が『価格』にある」と思い込んでいる売り手も、同様に問題です。

「高いから売れない」と思っている売り手は、その思考がお客様に伝染し、意思決定に影響を与えてしまいます。

「値引きしないと売れない」という先入観があると、本当に「値引きしないと売れない」状況になっていくということです。

第5章

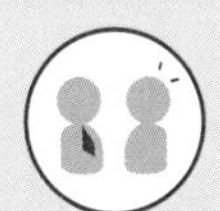

「質問力」で商談を深掘りする

rule 39

相手を混乱させない「質問の２つの目的」

セールストークは、単に商品を案内したり、紹介したりすることが目的ではありません。「何がお客様の利益となるのか」を念頭に、効果的な質問をしながら、伝えていく必要があります。質問のないセールストークは単なる「売り込み」「押しつけ」と言ってもいいくらいです。

▶ **Before**

担当者：「お客様、今回はどのようなお車をお探しですか？」
お客様：「今乗っている車が古くなってきたので、買い替えようと思って」
担当者：「どんな車に乗っているんですか？」
お客様：「セダンタイプの車です」
担当者：「あれはいい車ですね。次はどんな車がいいですか？」
お客様：「どんな車がいいかな……」
担当者：「何年乗ったんですか？」
お客様：「７年くらいかな」
担当者：「今度もセダンタイプがいいですか？」
お客様：「それもいいですが、ミニバンみたいなのがいいかなと思って」
担当者：「ミニバンですか。どうしてですか？」
お客様：「どうしてかって言うと……」

車のディーラーにお客様が来店して、担当者が最初の接客をしている場面です。セールストークの基本は、「お客様の利益は何か」「どうすればお客様の利益を支援できるか」です。しかし、その視点に立たず、ただ思いつくままに質問していては、お客様を混乱させるだけです。

質問の目的は、次の２つです。

・まず、お客様の頭を整理させること
・次に、説得力を高めること

まず、「頭を整理させる質問」について、見てみましょう。

▶ After ①

担当者：「何人乗りのお車をお探しですか？」
お客様：「６人です。祖父が高齢で運転免許証を手放したので私の家族４人と、両親の２人が乗れる車を探しています」
担当者：「そうでしたか。ところでご予算は？」
お客様：「250万円までと考えています」
担当者：「それは諸経費も含めてですね？」
お客様：「え、諸経費？　あ、そうか……。はい、そうです」
担当者：「それでしたら、車両本体価格は200万円以内におさめたほうがいいですか？」
お客様：「230万円くらいまでかな」
担当者：「ナビなどのオプションすべて込みで230万円ということでいいでしょうか？」
お客様：「ああ、そうか。いろいろとお金がかかるんですね」

担当者：「もちろんお値引もさせていただきますが、いったんそれを考えずに車両本体価格を200万円としてはいかがでしょうか？」
お客様：「はい、そうします」
担当者：「それでしたら私がおすすめするのは、この３つの車種です」

お客様が意識していないことをあえて質問することで、相手に意識させることができます。そうすることで、相手の頭が整理できていきます。「こう考えたほうがいいですよ」という助言ではなく、「私どもは、このように考えて提案したほうがいいですか？」といった質問形式で、お客様の考えを促すのです。

次に、説得力を高めるための質問を見てみましょう。

▶ After ②

担当者：「６人乗りのお車をお探しということですが、そちらでいいですか？」
お客様：「はい」
担当者：「車両本体価格は200万円くらいで考えていいということですが、それでよろしいでしょうか？」
お客様：「ええ」
担当者：「お子様はまだ小さいので、どちらかというとスライドドアのほうがお好みだと聞きましたが、それでよろしいでしょうか？」
お客様：「はい。スライドドアで」

担当者：「平日は奥様がよく運転されるということで、比較的小まわりがきく、車庫入れもしやすいサイズがいいということでしたが、それでよろしいでしょうか？」
お客様：「はい」
担当者：「かしこまりました。それでしたら私がおすすめするのは、この３つの車種です」

質問に対する回答があってからすぐ提案するのではなく、いくつかの質問に対する回答をいったんまとめ、すべて確認してから提案すると説得力が増します。

お客様のご要望に合った商品を提案しているため、お客様は断る理由を見つけづらくなります。同時に、頭の中が整理されたお客様は、より購入に向けた気持ちに傾いていくのです。

質問のタイミングを押さえる

関係ができていない相手から質問されることを、多くの人は嫌がるものです。まだ関係ができていない場合は、質問のタイミングを慎重に推し量る必要があります。

▶ Before ①

営　業：「こんにちは、私はＸ商事のＢ山と申します。さっそくですが、御社はどれくらいの社員がいて、どれくらいの人が携帯電話をお持ちですか？」
お客様：「え、何ですか、いきなり……」
営　業：「その携帯電話のうち、どれくらいがスマートフォンでしょうか？」
お客様：「どうして、あなたにそれを教えなくちゃいけないんですか」

携帯電話の代理店の営業が、新規獲得のためにお客様を訪問している場面です。

この会話の例を読んで、「こんなことやっていないよ」と思われるかもしれません。しかし、多くの営業は、気づかないうちに似たような話の展開をしているのです。

ひどい場合、相手に「尋問」されているように受け止められることがあります。次の会話文を見てみましょう。

▶ Before②

営　業：「社員は何人いるんですか？」
お客様：「ええと、60人です」
営　業：「そのうち携帯電話が支給されている人は何人ですか？」
お客様：「うーん……半分の30人くらいかな」
営　業：「そのうちスマートフォンを支給されているのは何人ですか？」
お客様：「だいたい20人くらいかと」
営　業：「毎月、どれくらい通信費を払っていますか？」
お客様：「というか、この質問、いつまで続くんですか。こっちは忙しいんですが……」

営業の都合だけで質問をはじめると、お客様の警戒心はさらに強まるため、注意が必要です。

コミュニケーションの基本は、相手とのペーシング（ペースを合わせること）です。話している相手と呼吸が合わないと、話が弾むことはありません。これはセールストークのときも同じです。お客様に緊張感を持たせるような自分の都合のいいペースで話さずに、あくまでも相手にペースを合わせ、しっかりタイミングを押さえて質問するように心がけましょう。

▶ After

営　業：「こんにちは、私はA商事のB山と申します。どうぞよろしくお願いいたします」
お客様：「はあ」
営　業：「○○社の携帯電話の販売代理店をさせていただいている

会社でございます。創業してもう13年。おかげさまで、この地域では40%のシェアをいただいており、同業ではどちらかというと老舗の代理店と受け止めていただいていいかと存じます」

お客様：「へえ。○○社の……13年ですか」

営　業：「はい。信用第一で、地道に13年やってまいりました。同業の代理店が少しずつ減っていくなかでも、おかげさまで、商売をさせていただいております」

お客様：「たしかに、うちがつき合っていた携帯の代理店も、何年か前になくなりました」

営　業：「左様でございますか。環境変化の激しい業界ですから」

お客様：「でしょうねえ」

営　業：「こちらの鉄工所は、できて何年くらい経つんですか？」

お客様：「そうですねえ。もう15年くらいだと思います」

営　業：「本社オフィスもこちらですか？」

お客様：「本社もここですね」

営　業：「何名くらいいらっしゃるんですか？」

お客様：「全社員ですか？　全社員だと60人くらいかなと」

このケースでは、「扱っているブランド」「創業年数」「地域のシェア」といった社会的証明を伝えることで、相手の警戒心を解いています。そしてだんだん、こちらの聞きたい質問をしていくといいでしょう。

前項同様、ここでも相手に意識させたいのは、「まず、お客様の頭を整理させること」「次に、説得力を高めること」です。

相手の反応を見ながら、効果的に信頼感を伝えることが大切です。

質問は「ところで」から入る

質問は、話の「流れ」を変えるため、話題が変わることを事前に伝える必要があります。そのシグナルがないと、会話のペースが乱れ、突如投げつけられる質問にお客様は戸惑ってしまいます。

▶ Before

売り手：「……そうでしたか。東京湾ってそんなに魚が釣れるのですね」
お客様：「そうそう。曽我の釣り場ならタチウオが釣れますよ」
売り手：「すごいですね、一度連れて行っていただきたいです。ちょっとお聞きしたいことがあるのですが」
お客様：「いいですよ。何でしょう？」
売り手：「御社で、経理の責任者はどなたでしょうか？」
お客様：「は？」

「ところで」のような接続詞は車の「ウインカー」のようなものです。ウインカーがあることによって、「右に曲がる」「左に曲がる」と車は意思表示をすることができます。それによって、まわりはその車の次の動きを瞬時に察知することができるのです。

もしもウインカーを出さずに車が曲がったら、まわりは驚き、戸惑い、ひどい場合は事故を起こしてしまうでしょう。セールストークも同じです。話題を変えるなら、ウインカーとなる適切な接続詞を挟むことです。

【Before】では、「ちょっとお聞きしたいことがある」とだけ言われたお客様は、釣りに関しての質問がくると想像している可能性が高いでしょう。

話題を変えることを事前に察知させる「ウインカー役の接続詞」を入れることで、スムーズに本題の質問をすることができます。

▶ After

売り手：「……そうでしたか。東京湾ってそんなに魚が釣れるのですね」
お客様：「そうそう。曽我の釣り場ならタチウオが釣れますよ」
売り手：「すごいですね、一度連れて行っていただきたいです。ところで、ちょっとお聞きしたいことがあるのですが」
お客様：「いいですよ。何でしょう？」
売り手：「御社で、経理の責任者はどなたでしょうか？」
お客様：「ああ、経理の責任者ですか。それなら部長の田中ですね」

「ところで」を言う前に、少し間を置いて、明らかに話を変える雰囲気を醸成することも意識してください。釣りの話は完結した、というイメージを相手に伝えましょう。

雑談は大事ですが、雑談だけをしていても、一向に成果にはつながりません。話題を一気に本題に持ち込める「ところで」の効果的な使い方を身につけてください。

rule 42 「オープンクエスチョン」の活用法

「オープンクエスチョン」とは、ヒアリング話法の１つ「４Ｗ２Ｈ」、もしくは「５Ｗ１Ｈ」などの疑問詞を駆使して質問していくことです。相手の心の中に潜む問題点や潜在的ニーズを探り当てることができます。

▶ Before ①

売り手：「お車は普段、買い物とかお子さんの送り迎えで使うことが多いですか？」
お客様：「そうですね」
売り手：「やっぱり燃費はいいほうがいいですよね？」
お客様：「ええ、そうですね」
売り手：「あと、室内は広いほうがいいですか？」
お客様：「まあ、そうですね」

これは車の購入を検討しているお客様と売り手との会話です。

このケースは、お客様が「イエス／ノー」だけで答える「クローズドクエスチョン」でトークを展開しています。話の流れはスムーズに見えますが、これだとお客様との会話が広がりません。

「クローズドクエスチョン」を多用すると、お客様が誘導尋問をされているような気分になるときがあるので気をつけましょう。

▶ **Before ②**

売り手：「お車は何色がいいですか？　ホワイト、ブラック、シルバーなどがございますが」
お客様：「そうですね……。シルバーで」
売り手：「ミニバンタイプがいいですか？　それともセダンタイプがいいですか？」
お客様：「どちらかというと、ミニバンでしょうか」
売り手：「走りは重視されますか？　それともあまりこだわりがありませんか？」
お客様：「そんなに、こだわったことがありませんね」

「イエス／ノー」で答える質問ではありませんが、【Before ②】のような「選択肢の中から選ばせる方法」も話が広がりません。

お客様とペースを合わせながら、さりげなく、そして戦略的に、質問をしていくことが大事です。そのために４Ｗ２Ｈを使ってみることは有効です。４Ｗ２Ｈとは、次のようなものです。

■ 4W2H

・What……何を？
・Who……誰が？
・When……いつ？
・Where……どこで？
・How to……どのように？
・How much……いくら？

４Ｗ２Ｈに沿って質問をすることで、お客様の真剣度がわかるとともに、頭の中が整理されることで、購入に至る導線がスムーズになります。

▶ After ①

売り手：「今回、どのようなお車をお探しなんですか？【Who、What】」

お客様：「そうですねえ。実は先月、子どもが生まれたので、家庭用にもう少し広い車がほしいと思ったのです【When、Where】」

売り手：「ご家族が増えたのでみなさんで乗れるようにもう少し広い車を、ということですね。今はどんな車に乗っているんですか？」

お客様：「今はクーペです。後部座席には、ほとんど人が乗れません」

売り手：「どれくらいのご予算をお考えですか？【How Much】」

お客様：「250万円以内におさめたいです。諸経費も含めて」

売り手：「諸経費も含めて250万円以内ですね。あと、いつもどのようにお車を使われていますか？【How to】」

お客様：「最近、キャンプにはまっているので、休日は山とか海に行くのに使いますね」

売り手自身がトークの「幅」を狭めないようにすることが大切です。４Ｗ２Ｈを活用した質問によって、お客様は「自分の話を聞いてもらうことができている」と感じ、だんだんと心を開いていきます。

このケースでは、お客様が言ったことを営業が４Ｗ２Ｈに沿って復唱しています。

- Who……誰が？　→　お客様
- What……何を　→　車（種類は？）
- When……いつ？　→　子どもが生まれたから（すぐにでも）
- Where……どこで？　→　家庭用で使用
- How to……どのように？　→　キャンプにも使いたい
- How much……いくら？　→　諸経費を含めて250万円

このような質問によって、お客様に話を「聞いてもらえている」と思ってもらえる効果もあります。そして、車の用途について具体的な使い方も聞くことで、お客様は「この車を買ったらこんなことができるんだ」と思うようになっています。

さらに会話の「幅」を広げるうえで、1つの「質問」から会話のキャッチボールをしていくと盛り上がります。

▶ After ②

売り手：「今回、どのようなお車をお探しなんですか？【Who、What】」

お客様：「そうですねえ。実は先月、子どもが生まれたので、もう少し広い車がほしいと思ったのです【When、Where】」

売り手：「え、お子さんが？　おめでとうございます！」

お客様：「あ、ありがとうございます」

売り手：「お子さんが生まれたのでしたら、心機一転、お車を変えるのもいいかもしれませんね。今はどんなお車に乗られているんですか？【How to】」

お客様：「今はクーペです。後部座席には、ほとんど人が乗れませんね」

売り手：「ああ。クーペですか。カッコいいでしょうねえ」

お客様：「そうなんです。すごく気に入ってるんですけど、仕方がありません。妻がもう手放してほしいって言っていまして……」

売り手：「お子さんが生まれたばかりなら、奥様の要望は聞かれたほうがいいでしょうね。ご予算はどれくらいをお考えですか？【How Much】」

お客様：「250万円以内におさめたいです。諸経費も含めて」

売り手：「諸経費も含めて250万円以内ですね。かしこまりました。いろいろとお金もかかるでしょうから、そこは堅実に守りたいですよね。私もがんばって、そのご予算でおさめられるよう、考えますね」

お客様：「ありがとうございます。ぜひ、お願いします」

「どのような車をお探しですか？」という１つの質問をきっかけに、相手の情報を次のようにいつの間にかたくさん聞き出しています。

- **子どもが生まれた**
- **だから大きい車がほしい**
- **妻の要望を叶える車にしたほうがいい**

１つの質問からこうした情報を、効果的な質問ですくい取っていくことで、信頼感が生まれ、成果にもつながっていくのです。

rule 43 「なぜ」は最初から使わない

「オープンクエスチョン」は、「５Ｗ１Ｈ」より「４Ｗ２Ｈ」を使うようにします。具体的には、「なぜ」を使うと少し強引な会話になって、お客様の心を閉ざしてしまいかねないからです。

▶ **Before**

お客様：「駅から近い賃貸のアパートを探しているのですが」
担当者：「駅から近い賃貸ですね。ご予算はどのくらいを考えいてますか？」
お客様：「だいたい月９万円前後で、と考えています」
担当者：「なぜ、９万円なんですか？」
お客様：「え……それくらいが限界なので」
担当者：「いつごろから入居のご予定ですか？」
お客様：「今年の４月頭には引っ越したいと思っています」
担当者：「どうして４月頭になんですか？」
お客様：「え……その時期がいいかなと思って」

不動産会社に入居希望者が訪れて、担当者とやりとりをしています。この会話で目立つのは、「なぜ」「どうして」で話を誘導している点です。少し強引に感じないでしょうか。

話をしているうちに盛り上がり、お客様が打ち解けてきたら理由を尋ねてもいいでしょう。しかし、**あまり最初から「なぜ」や「どうして」を使わないほうが賢明です**。お客様のほうが、「なぜ、親しくもない人にそんなことを聞かれなくちゃいけないのか」と受け止める可能性があるからです。

▶ After

担当者：「ご予算は月９万円前後ですね。かしこまりました。いつごろから入居のご予定ですか？」
お客様：「今年の４月頭には引っ越したいと思っています」
担当者：「４月頭には引っ越したいのですね。それなら、少し急いだほうがいいでしょうね」
お客様：「え、そうなんですか？」
担当者：「ええ。４月は新しい年度がスタートする時期なので、例年けっこう混み合うんです」
お客様：「よく考えたらそうですよね。時期をずらしたほうがいいでしょうか」
担当者：「４月に引っ越すのは、何か理由でもあるのですか？」
お客様：「実は妻が４月に出産するので、妻の実家に近いアパートのほうがいいかと思いまして」
担当者：「なるほど……それでしたら、絶対に４月に引っ越ししなくちゃいけない、というわけでもないんですね」
お客様：「そうです」
担当者：「わかりました。いろいろな条件で物件を探してみましょう」

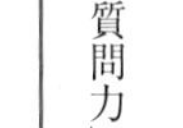

さりげなく理由を聞いてみることで、提案の幅が広がることがあります。お客様の表情や話し方などを観察し、何か事情があるのだろうかと、もっと深掘りして聞いたほうがいいような気がする場合は、このように「なぜ」を使いましょう。

rule 44

「具体的に」で相手に考えさせる

頭では質問をすることが大事だとわかっていても、なかなか質問をして掘り下げることができないと悩む人が多くいます。きっかけを作る「具体的に」を用いながら質問をして、相手に深く考えてもらうことで、関係性が増していきます。

▶ Before

担当者：「旅行は何人で行かれますか？」
お客様：「えっと、５人です」
担当者：「１人当たりのご予算はいくらですか？」
お客様：「４万円と考えています」
担当者：「行き先はどのあたりを希望ですか？」
お客様：「とくに決まっていませんが、ダイビングができるところがいいなと思って」
担当者：「何人で行かれますか？」
お客様：「家族５人です」
担当者：「いつごろ旅行するご予定ですか？」
お客様：「春には行きたいです……」
担当者：「春ごろに、国内の海がきれいなところに、家族５人か。どこをおすすめしようかな……」

旅行代理店に来たお客様に応対する担当者のトーク例です。

このケースのように、質問を「４Ｗ２Ｈ」にしぼってしまうと、質問が単調になってしまいます。「なぜ」を使わなくてもお客様はまるで尋問されているような気分になることでしょう。

また、質問が単調になると、お客様も抽象的な受け答えに終始してしまい、どのような提案をすればいいか、困ることもあります。担当者は必要な質問を繰り出しているつもりですが、得られた情報が一般的すぎるため、これでは相手に刺さる提案をすることは難しくなってきます。

「４Ｗ２Ｈ」のみならず、掘り下げる質問「具体的に」を組み合わせることで、お客様の頭を整理することもできます。

▶ After

担当者：「旅行はいつ頃する予定ですか？」

お客様：「春ごろを考えています」

担当者：「春ごろなんですね。かしこまりました。春ごろというと……具体的に、何月でしょうか？」

お客様：「ええっと……。そうですね。３月の下旬です」

担当者：「行き先はどのあたりを希望ですか？」

お客様：「国内で、海がきれいなところがいいと思っています」

担当者：「海がきれいなところですか。いいですね。海では、具体的にどんなことをしたいですか？」

お客様：「ええっと、祖母が海の幸が大好きで、美味しいお刺身とか食べさせてあげたいのです」

担当者：「それはいいですね。何人で行かれますか？」

お客様：「家族５人です」

担当者：「具体的に、どのようなご家族ですか。差し支えなければ、教えていただけませんか？」

お客様：「あ、はい。私が45歳。妻が40歳。息子が11歳。娘が６歳。祖母が78歳です」

担当者：「そうでしたか」

お客様：「そういえば、祖母は飛行機が大丈夫ですが、娘が駄目でして……国内といっても近場がいいですね」

担当者：「なるほど、そうなるとずいぶんと候補地がしぼり込まれますね」

お客様：「私は釣りが好きですから、釣りもできるとなおいいです。子どもたちも好きですし」

担当者：「かしこまりました。それでしたら３つおすすめしたいところがございます」

「具体的に」を露骨に繰り返すと、相手から「しつこい人だな」と思われてしまいます。【After】のように、会話の流れは崩さずに、それでも必要な情報を聞き出す、という形が大事です。

このように、**質問によってお客様の頭が整理されることで、ますます相手は心を開いてくれるようになります。**そうなると、こちらが質問していないことまで話してくれるようになり、提案するのがとてもラクになってくるのです。

rule 45

冷やかしは「たとえば」で見極める

情報収集のためなのか、品定めをするためなのか。買う気もないのに販売店に来店したり、営業に近づいてきたりするお客様もいます。そのようなお客様を、どのように見極めたらいいのでしょうか。こういうときは、核心に迫る質問ができると見破ることができます。

▶ Before

営　業：「英会話の教材にご興味があるとうかがいました。企業研修の一環ですか？」
お客様：「そうなんです。海外に赴任する者がおりまして、それで調べているのです」
営　業：「かしこまりました。赴任先はどちらなんですか？」
お客様：「ええっと、アメリカとか、ヨーロッパとかですね」
営　業：「ご予算はどれくらいをお考えですか？」
お客様：「まだあまり考えていませんが、安ければ安いほうがいいです」
営　業：「そうですか……。英会話の教材といっても、当社はいろいろと取りそろえておりますので、ひとつひとつご説明しましょうか？」
お客様：「ぜひよろしくお願いします」

英会話教材を販売するメーカーの営業が、企業の担当者と話をしています。

冷やかしのお客様は、自分（自社）のニーズに合った商材を知りたいのではなく、相手が扱っているすべての商材を知りたがるので、とても抽象的な受け答えしかしません。しぼり込んだ提案をされたくないからです。こういうときは、「たとえば」を使って、具体的な受け答えを促すようにします。

▶ After

営　業：「赴任先はどちらなんですか？」
お客様：「ええっと、欧米ですね」
営　業：「アメリカとか、ヨーロッパとかなんですね。その中でも、たとえば、どちらでしょうか？」
お客様：「ええっと……イギリスです」
営　業：「なるほど。ご予算はどれくらいをお考えですか？」
お客様：「まだあまり考えていませんが、安ければ安いほうがいいです」
営　業：「安ければ安いほうがいいですよね。たとえば、どのくらい、とかありますか。過去にも、英語の研修をされていると思いますが」
お客様：「月３万円くらいまでなら。過去にも研修をしたことがあります」

お客様が情報収集の目的であれば、それならそれで、しっかり情報を提供してあげましょう。しかし、購入する気になっているのであれば、お客様のニーズに合った提案をしてあげるべきです。

お客様自身がうまく意思表示できないときもあるので、うまく対応するためにも営業側で見極める必要があります。

「とくに」で重要視するポイントを確認する

rule 46

お客様のニーズに沿った提案をしたくても、必ずしもすべてを叶えることはできません。オープンクエスチョンで質問を繰り返していきますが、ある程度質問が出尽くしたときに、お客様が挙げる数々のニーズの中で、何を重要視しているかも尋ねてみましょう。

▶ Before

担当者：「社長、どのような人をお探しですか？」
お客様：「性格が真面目で、気がきく人がいいね」
担当者：「どんなスキルがあったほうがいいですか？」
お客様：「やっぱりコミュニケーション力かな。あと、英語力もね」
担当者：「英語力もですか……」
お客様：「うちの店には外国人観光客がたくさん来るから。他にも、大きな声で挨拶ができる人がいい。礼儀正しくて、笑顔が素敵な人だと、なおいいいね」
担当者：「英語ができて、気がきいて、笑顔が素敵で……そんな人、なかなかいないなぁ」

人材紹介会社の担当者が、お客様の社長を訪問しているときの会話です。相手から必要な情報を聞き出していますが、要望が高すぎて、あれもこれもという状態になってしまっています。お客様も頭の中を整理できていませんし、担当者もこの要望をすべて満たす人材を提供することは困難でしょう。

ここでも、お客様の頭を整理することが大事です。それには、「とくに」を使って、重要視するニーズを確認するといいでしょう。

▶ After

担当者：「社長、その中で、とくに、これだけははずせない、というものは何ですか？」
お客様：「とくに……ですか」
担当者：「ええ、とくに重要視するものです」
お客様：「うーん。やっぱり笑顔かな。笑顔だけははずせませんね」
担当者：「笑顔なんですね？」
お客様：「そう……。多少、気がきかなくても、英語を話せなくても、いいんです。でも、無表情だといけません。笑顔が素敵な人と、私は一緒に働きたいね」
担当者：「よくわかりました。まず、素敵な笑顔をするアルバイトを探してきます」

お客様は要望を思うままに言いますが、会話をしながら実現できることとそうでないことを明確にすることが大切です。そのため、**「とくに」という言葉を挟むことで、「これだけは譲れない」ポイントを考えてもらうことができます。**結果的に、採用ポイントがあぶり出されることになるでしょう。

【After】では「笑顔」がポイントになっていました。【Before】で挙がっていた例と比べると、ずいぶんとハードルが低くなっています。こうしたポイントとなるフレーズを挟むことで、会話を有利に導くことが可能になるのです。

rule 47 お客様のニーズを端的に整理する「つまり」

会話が盛り上がるなか、「枝葉」の話が増えると、お客様の頭が整理できなくなるときがあります。そのせいで、売り手側も何が「論点」なのか、見失うことがありますが、そんなときに使えるのが「つまり」です。

▶ **Before**

担当者：「こちらのカフェをリノベーションする件、ご予算、新装開店時期、デザインの方向性など聞いてきましたが……」
お客様：「とにかく、間取りから何まで、すべて変えてもらいたいんですよね」
担当者：「え、間取りまで変更しますか？」
お客様：「そうですよ。そのために、あなたを呼んだんです」
担当者：「工事範囲は、部分的、表面的なものだと受け止めています。先ほどもご予算をお聞きしましたし」
お客様：「あれ、おかしいな。そんなこと言ったっけ？」
担当者：「工事は２週間以内で終わらせる、ということですよね」
お客様：「もちろん。そうしてくれないと困るよ」
担当者：「そうですよね？」
お客様：「でも、大幅な間取りの変更はしたい。それは譲れない。そう言ったと思うよ」
担当者：「え、そうでしたか。あれ、おかしいな。それだと、このようなご予算では難しく……」

お客様：「表面的な内装工事だけでは、意味がないですよ。もっと予算が必要なら、また見積りを出しなおしてください」
営業：「あ、はぁ……」

リフォーム会社の担当者が、お客様の店舗の改装についての打ち合わせをしているところです。事前にさまざまなヒアリングをして見積りを作成してきた様子がうかがえますが、唐突にお客様が話をひっくり返すような提案をしています。おそらく、お客様は話しているうちにどんどん希望がふくらんできてしまったのかもしれません。担当者もお客様の突然の提案にたじろいでしまい、あやふやな応対に終始しています。

お互いが話の論点を見失ってしまうと、話が噛み合わなくなってきます。そういうときは、「つまり」を使って、お互いの立ち位置を確認しましょう。

▶ After

担当者：「工事範囲は、部分的、表面的なものだと受け止めています」
お客様：「そんなこと言ったっけ？」
担当者：「工事は２週間以内で終わらせる、ということだと受け止めて見積りを出したのですが、違うようですね。申し訳ございません」
お客様：「なんか、話が噛み合わないな」
担当者：「大変失礼しました。確認させてください。私どもは、表面的な内装工事や、設備の取り換えぐらいのリノベーションだと思っていたのです」

お客様：「それで？」

担当者：「しかし、お客様は間取りも全面的に変えてもらいたい、とおっしゃっているのですね」

お客様：「そうだよ。配管も少し変更したいからね」

担当者：「配管も、ですか。ということは、つまり、リノベーションではなく、リフォームをご希望ということですね？」

お客様：「リノベーションとリフォームは違うのかね。そうだよ。リフォームだよ」

担当者：「大変失礼しました。ようやく腑（ふ）に落ちました。それでしたら、もう一度見積りをさせていただけませんか。申し訳ございません」

お客様は単純に「すべてを変えてほしい」という要望を伝えましたが、リノベーション（部分改修）とリフォーム（全面改修）の違いを理解できていませんでした。

ここで、担当者はまず「確認させてください」と言い、双方の誤解を解くための、話の整理に移行しました。そして、「つまり」でお客様の要望を端的に整理しています。見積りを出し直すことになりましたが、お客様の要望を受け止めることができたため、以降はスムーズに進んでいくことでしょう。

rule 48

「クローズドクエスチョン」の必要性

「ひとりひとりの心がけ」や「全員の意識」といったビッグワードで質問すると、相手から抽象的な答えしか引き出せません。一方、業界の専門性に特化するようなスモールワードで質問をすると、今度は相手に考える範囲を限定させてしまい、お客様がイメージしづらいというデメリットがあります。「質問は広すぎず、狭すぎず」、また「オープンクエスチョン」と「クローズドクエスチョン」の使い分けを意識しましょう。

1つずつ例を見ていきましょう。まずビッグワードから。

▶ Before ① ビッグワード

コンサル：「営業の生産性をアップさせることが課題とお聞きしました。ひとりひとりの心がけが必要と考えていますか？」
お客様：「はい、ひとりひとりの心がけが重要と思いますね」
コンサル：「他にはどのような対策が必要とお考えですか？」
お客様：「もっとひとりひとりが勉強することじゃないでしょうか。スキルアップとか」
コンサル：「そう、ですか……」

営業コンサルタントが研修の担当者に、営業のスキルアップに必要なことをヒアリングしている場面です。

「ひとりひとりの心がけ」といったビッグワードだと、営業側の意図した通りに答えてもらえていないことがわかります。お客様自身、対策が必要だとは思っているのですが、質問が抽象的すぎるのです。

それでは、スモールワードだと、どうなるでしょうか。

▶ Before ② スモールワード

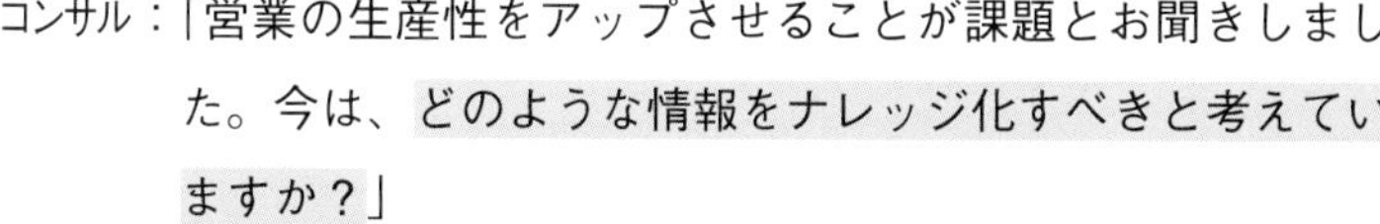

コンサル：「営業の生産性をアップさせることが課題とお聞きしました。今は、どのような情報をナレッジ化すべきと考えていますか？」

お客様：「情報のナレッジ化、ですか……」

コンサル：「はい。営業の生産性が上がらないのは、若い人たちの成長が鈍いからです。成長を促すには、上司が長年蓄積してきた暗黙知をナレッジ化して、システムで利用しやすいようにすれば……」

お客様：「いやあ、それはどうですかねぇ」

コンサル：「え？」

お客様：「たしかに若い人たちの成長は大事ですが、ベテラン社員の生産性も低いですからね」

コンサル：「そうですか……」

お客様：「きちんと情報共有できたら、生産性がアップするとは限らないと思いますが」

コンサル：「そうですね。まぁ、おっしゃる通りかと……」

このケースでは、コンサルタントが一番提案していきたいことをお客様に考えさせる前にどんどん発言してしまっています。これでは、提案を相手に強制するような意味合いと受け取られても仕方がありません。

質問を繰り返しながら、どのあたりが落としどころなのかを見極めるうえで効果的なのが「クローズドクエスチョン」です。

▶ After

コンサル：「営業の生産性をアップさせることが課題とお聞きしました。今はどのような対策が必要と考えていますか？」

お客様：「やはり、ひとりひとりの心がけが重要と思いますね」

コンサル：「ひとりひとりの心がけですか。そうですよね。当社もそれがとても大事と受け止めています。情報システムによる対策も考えておられますか？」

お客様：「そうですね。やはりシステムは必要ですね」

コンサル：「多くのお客様が、ITの力を借りて営業生産性アップを実現しています。たとえば、どのような対策を考えていますか？」

お客様：「お客様の声の収集ですね」

コンサル：「なるほど……どのようなお客様の声でしょうか？」

お客様：「当社の場合、お客様の声が商品開発に生かされていません。だから効率的に成果がアップしないという悩みを抱えています」

コンサル：「そうでしたか」

お客様：「いちばんお客様に接しているのは営業ですので、ベテランも若手も、お客様と接したら、定期的に所定の質問をして、声を拾ってほしいのです」

コンサル：「それで情報収集するということですね」
お客様：「そのための情報システムがないかな、と思って。正しくデータ分析して、売れる商品開発に生かしたいのです」
コンサル：「それでしたら、お任せください」

「どのような対策が？」と質問しても、「対策」が「ひとりひとりの心がけ」といったようにビッグワードすぎて、コンサル側の意図した通りに答えてもらえません。そのため、次に「情報システムによる対策も考えておられますか？」というクローズドクエスチョンを挟むのです。

相手に「イエス／ノー」で答えられる質問をすることで、お客様に考えてもらう範囲を狭めることができます。狭めたうえで、再びオープンクエスチョンをすることで、その範囲内でお客様が具体的な回答をしてくれるようになります。

■効果的にクローズドクエスチョンを挟む

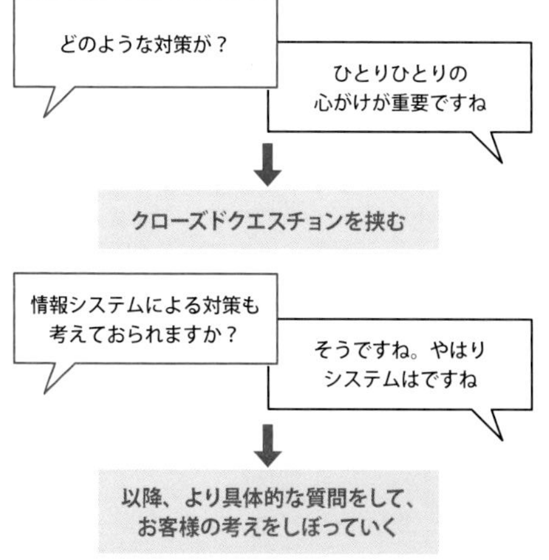

論点をまとめるときの表情は「ニュートラルフェイス」

　お客様のニーズをまとめたあとは、何らかのクロージングをするわけです。したがって、売り手は意図的に、その場の空気を変える必要があります。主導権を握るためです。そこで活用するのが、表情です。

▶ Before

売り手：「それでは、ここでお客様のご要望をまとめさせていただきますね！」
お客様：「はい。お願いします」
売り手：「希望される研修は、管理者向けのリーダーシップ研修。人数は17名。内訳は部長の方が３名、課長の方が10名、係長の方が４名。日程は６月の中旬。日数は３日間。研修後は理解力テストをご希望……」

　【Before】では、オープンフェイスで朗らかに会話をまとめています。しかし、アイスブレイクのときはいいですが、商談のクロージングでもずっとオープンフェイスでは、お客様から「この人に頼

んで大丈夫かな……」と、いらぬ心配を抱かせてしまう可能性もあります。オープンフェイスのままでは、会話が締まらないのです。

▶ After

売り手：「それでは、ここでお客様のご要望をまとめさせていただきますね」
お客様：「はい。お願いします」
売り手：「希望される研修は、管理者向けのリーダーシップ研修。人数は17名。内訳は部長の方が３名、課長の方が10名、係長の方が４名。日程は６月の中旬。日数は３日間。研修後は理解力テストをご希望……」

【After】では表情を変えることで、セールストークのステージが変わったことを伝えています。

表情が違うと、話している内容は同じでも、お客様に伝わる緊張感が違います。お客様を迷わせないためにも、話をまとめるときはその場の空気を引き締める必要があります。その際は「ニュートラルフェイス」に変えるのです。

ぜひ表情で、場の空気をコントロールしましょう。

rule 50

成約を見極めるヒアリング「BANT」

お客様のニーズを探るのではなく、成約を見極めるためのヒアリングも押さえておきましょう。とくにBtoBの営業スタイルには、必須のヒアリングのノウハウです。その基本が「BANT」です。これは、Budget（予算）、Authority（決裁権）、Needs（必要性）、Timeframe（導入時期）を指し、それらの情報をお客様から確認することで、商談の見極めがしやすくなります。

▶ Before

担当者：「お客様のニーズを考慮しますと、当社が提案できるこちらの業務支援システムは、トータルで4000万円となります。これから準備すると、４か月後の10月にはご利用できるものと思います」

お客様：「え、4000万円ですか……」

担当者：「はい。こちらの見積書にある通り、4390万円のところ4000万円にお値引きもさせていただきました」

お客様：「いや……4000万円なんてありえませんね。800万円の予算しか確保していませんから」

担当者：「え、そうなんですか？」

お客様：「それに、来月からすぐに稼働できるシステムでないと、本部長は納得しないでしょう」

担当者：「え、本部長さんがお決めになるのですか？」

お客様：「私は社長だが、この件は本部長に頼んであるので」

業務システムを扱う会社の担当者のセールストークです。いくら相手のニーズに沿った提案をしているからといって、押さえるべきポイントを押さえておかないと、的はずれな提案になってしまいます。【Before】では、予算が800万円なのに4000万円の提案をするという、相手の情報をまったくつかんでいないために、的はずれな提案になってしまいました。

提案は、あらかじめヒアリングで「BANT」の情報を押さえてからしていきましょう。

▶ After

担当者：「お客様のニーズは、しっかりと理解できました【必要性】。ところで、ご予算はどれくらいをお考えでしょうか【予算】」

お客様：「800万円が上限です」

担当者：「800万円が上限なんですね」

お客様：「そうです。それ以上は難しいですね」

担当者：「こちらのシステムは、いつまでに運用をスタートさせたいとお考えでしょうか【導入時期】」

お客様：「来月にはスタートさせたいです。時間がないのはわかっているのですが」

担当者：「社長がどなたかにご相談されることはありますか。経営会議で合意をとらなければいけないとか【決裁権】」

お客様：「あ、言うのを忘れていました。この件は、本部長に一任しているのです」

担当者：「本部長？」

お客様：「今日は管理本部長が留守なので、私が代理で出席しました」
担当者：「それでは別途、本部長さんも交えてご提案をさせていただいたほうがいいですね」
お客様：「そう、ですね。たしかに。私から伝えるよりはいいでしょう」
担当者：「かしこまりました。来月には運用スタートとお聞きしましたので、早いほうがいいと思います。明後日の朝、10時からあらためてお時間をいただけないでしょうか？」

【After】では情報収集に終始しています。この場で相手の決断を得ることはできませんでしたが、十分な情報を得ているので、次回のより有効な提案につながる可能性があります。

商談は、お客様が単なる情報収集のために担当者を呼ぶ場合があります。それを見極めるためにも、必ず「BANT」を確認するクセをつけていきましょう。

■ 相手の「BANT」を確認する

Budget	Authority	Needs	Timeframe
予算	決裁権	ニーズ	導入時期

トップセールスが絶対にしない質問

　トップセールスがお客様に対し、絶対にしない質問があります。それは、「他にご検討されている会社様はございますか？」です。「他社と比較しているのであれば、当社の優位性を伝えたい。その優位性を知らずに他社に決められるのだけは避けたい」という気持ちがあるからこういう質問をするのでしょう。しかし、トップセールスなら、こんな質問はしません。

▶ Before

営　業：「当社のオンライン商談システムは、このように３つの特徴があります。いかがでしょうか」
お客様：「そうですねえ……」
営　業：「何か、決め手に欠ける点でもあるでしょうか」
お客様：「いや、そういうわけじゃないんですが……」
営　業：「他にご検討されている会社様はございますか？」
お客様：「え？」
営　業：「オンライン商談システム、最近はいろいろな種類がありますから」
お客様：「まぁ、たしかに。いろいろと調べてはいますよ」
営　業：「それでしたら、比較表がございます。当社のシステムと他システムと何が違うのか、こちらの表で確認していただけます」
お客様：「あぁ、どれどれ」

▶ After

営　業：「当社のオンライン商談システムは、このように３つの特徴があります。いかがでしょうか」

お客様：「そうですねえ……」

営　業：「絶対に、当社のシステムをお選びいただけたら、間違いはありません」

お客様：「……」

営　業：「……」

お客様：「……」

営　業：「いかがでしょうか」

お客様：「そ、そうですね。それじゃあ、御社のシステムを導入しようかと」

営　業：「そうですか。ありがとうございます。それでは、今から手続きをとらせていただきますね」

トップセールスは、自分と、自社と、自社の商品に、絶対の自信を持っています。「比較されるはずがない」と心底思っているのです。思い込んでいる、妄信している、と言ったほうが的確かもしれません。

トップセールスは、常識では考えられないような営業成績を出します。保険や自動車、住宅販売のトップセールスにいたっては、平均成績のゆうに10倍や20倍の結果を出すのです。

そんな規格外のトップセールスですから、物事のとらえ方、考え方も常識にとらわれません。どんなに平均的な戸建て住宅であろうが、絶対の自信を持ってお客様に提案します。マジシャンと同じで、

「種も仕かけも」絶対に見破られないという、すさまじい自信のある表情、口調で語りかけるのです。

もちろん、そのトップセールスの言葉を妄信して意思決定するお客様ばかりではないことも重々承知しています。しかし、同調性の高いお客様、被暗示性が高いお客様は、その絶対的なオーラに抗うことは難しいでしょう。

トップセールスは、自分が提案している内容以外の対象に、あえて意識を向けるような「他に、ご検討されている会社様はございますか？」といった質問をしないのも、そうした理由からです。

本物のトップセールスは、たいてい非常識なやり方で、非常識な結果を出すものです。トップセールスのノウハウは参考にならないことも多いですが、それでも、自社の商品に絶対の自信を持つことはセールストークを考えるうえで、とても重要なことです。

第5章のまとめ

- 相手の疑問をすべて確認してから提案する
- コミュニケーションの基本は、相手に合わせる
- 「ところで」で一気に本題に持ち込む
- 1つの質問から効果的な質問へと掘り下げる
- さりげなく理由を聞いてみることで提案の幅が広がる
- 「具体的に」で質問を掘り下げる
- 「たとえば」を使って具体的な受け答えを促す
- 「とくに」で相手の「これだけは譲れない」ポイントをあぶり出す
- 話が混乱したら、双方の誤解を解くための「確認させてください」
- 相手の考える範囲を狭める「クローズドクエスチョン」
- 表情で場の空気をコントロールする
- 「BANT」で相手の現状を確認するクセをつける
- 「他にご検討されている会社様はございますか?」は駄目な質問

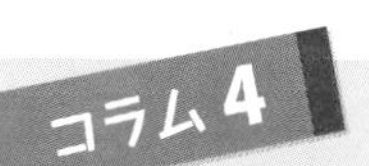

お客様を３つのタイプに分けてセールストークする

お客様の中には、興味を持ってくれるお客様と、まったく関心を示さないお客様がいます。お客様のタイプによってセールストークの使い分けをしていくことが大切です。

私は、「同調性バイアス」のかかりやすさから、お客様を３つに分類しています。こうすることで、お客様の不思議な購買心理もわかりやすくなるのです。その３タイプを紹介していきましょう。「自燃客」「可燃客」「不燃客」の３つです。

1 自燃（じねん）客……すぐ「その気」になるお客様
2 可燃（かねん）客……徐々に「その気」になるお客様
3 不燃（ふねん）客……経済合理性に基づいて、クールに意思決定するお客様

たとえば映画館へ行き、友人が「映画館に来たら、やっぱりポップコーンを食べなくちゃね」と言っただけで、「そうだね。そうしよう」とすぐに同調してしまう人が「自燃客」です。

一方、「可燃客」は、友人から言われただけでは「その気」になりません。映画館に入り、多くの人が笑顔でポップコーンを食べている様を見たり、ポップコーンのおいしそうな匂いを嗅いだりしたら、「そうだね。今日はそういう気分になってきた」と徐々に感化されていき

ます。

友人からすすめられても、周囲の人がおいしそうにポップコーンを食べていても「その気」にならないのが「不燃客」です。

ポップコーンが嫌いではないのですが、「量の割に値段が高すぎる」とか、「映画館に来たからといってポップコーンを食べるという理屈がわからない」と言って同調しないのです。非合理的な判断をするのが嫌いなタイプです。

売る側にとって「お客様の３タイプ」で最も重要なのは、「不燃客」の見極めです。

「不燃客」には、論理的なセールストークを心がけることが重要で、そのための準備もしなければならないからです。一方、「不燃客」以外は、その場の空気や雰囲気に感化されます。

「せっかくこれだけ高級な布団をご購入されたのですから、シーツカバーも立派なものを買われたらいかがでしょうか」と言われただけで、そうだなと受け取ります。

お客様の特性や、そのときのシチュエーションごとにセールストークの中身を変えることで、成約率は格段と変わってきます。日ごろからお客様がどんなタイプなのか、見極める訓練をしておきましょう。

第6章

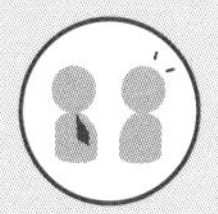

クロージングに持ち込むまでの「展開力」

rule 52

「こちらをご覧ください」で客観的データを示す

多くの人が支持していることで、より高く評価してしまう心理原則を「社会的証明の原理」といいます。売れている曲はより売れて、流行っているお店は多くの人が行ってみたいと思うようにです。この心理原則を使うために「お客様の声」や「売上シェア」など、社会的な証明ができるポイントがあれば、積極的に使いましょう。

▶ **Before**

営　業：「家のエクステリアなら当社にお任せください。お客様が家に帰りたくなるような空間を設計させていただきます」

お客様：「あ、はい」

営　業：「せっかくだからお客様。こちらのカタログに、いろいろと施工実績が載っています。ぜひ見ていただけたらと」

お客様：「どんなところが他社と違うんですか？」

営　業：「そうですねぇ、いろいろとあります」

お客様：「……」

住宅メーカーの営業が、お客様と商談をしています。このケースでは、お客様が「どんなところが他社と違うのですか？」と質問しているものの、知識不足からか回答をすることができていないNG例です。「社会的証明の原理」を効果的に使うためには、客観的なデータが必要です。たとえ手間がかかっても、正確なデータを集めていき、それを積極的に使いましょう。

▶ After

営　業：「こちらのデータをご覧ください。業界誌のデータですが、外構・エクステリアの売上シェアです」
お客様：「へえ」
営　業：「この売上の中には、工務店やビルダーの下請け的にやっている専門店が多く含まれています」
お客様：「なるほど」
営　業：「その点、当社は下請けの仕事はいたしません。当社のような販売・工事店に限定し、なおかつ県内でいえば、このようになります」
お客様：「ほう」
営　業：「当社の県内シェアは42%。年々増加傾向にあります」
お客様：「へええ」
営　業：「なぜこのようなシェアを獲得できるかと言いますと、なんと言ってもお客様満足度が高いことが要因です。掲載されているお客様の声をぜひ紹介させてください……」

お客様が気になりそうなポイントを、主観ではなく客観的なデータを用いて、理詰めで説明していきます。**扱う商品のジャンルにもよりますが、家のエクステリアなど高価な商品の場合、客観的なデータを示すほうがお客様の安心感が高くなります。**【After】では、データを用いる説明により、顧客満足度が高いという点も相手がうなずけるポイントになりました。

まず信ぴょう性のあるデータをお見せしてから、「お客様の声」を紹介すると、より説得力が高まります。

「または」で選択肢を提示する（選好の逆転現象）

選択肢を示された状況や順番によって思いがけない選択をしてしまうことを「選好の逆転」と言います。３つ候補があると真ん中を選択してしまうのは、この現象が起きるからと言われます。

▶ Before

売り手：「おすすめしたい羽毛布団は、最高級のポーランド産マザーグースダウンのタイプで、お値段は45万円です。」

お客様：「45万円、ですか……」

売り手：「他にもアイダーダウンやフランス産ダックの羽毛布団もあるのですが、こちらがお客様にはピッタリだと思います」

お客様：「ううん……45万円か」

売り手：「いや、金額は45万円ですが、これでも当社が扱っている羽毛布団の中ではミドルクラスなのですが」

お客様：「ううん……45万円か」

売り手：「いや、その、45万円のことは、忘れていただいて。羽毛布団ですから、これくらいは」

お客様がその商品の基準価格をあまり知らない場合、とくに高額商品の場合は、その金額の妥当性がわかりません。そのため、商品に対する判断がうまくできないのです。

こうしたときは、「または」を使って、他の選択肢を示すと効果的です。

▶ After

売り手：「おすすめしたい羽毛布団は、この世界最高峰のダウン、アイダーダウンのタイプで、お値段は90万円です」
お客様：「え！　……90万円？」
売り手：「はい。または、最高級のポーランド産マザーグースダウンのタイプでお値段は45万円のものもあります」
お客様：「……45万円」
売り手：「または、肌触りのいいフランス産ダックのタイプのお値段は15万円です」
お客様：「15万円か……」
売り手：「アイダーダウンの羽毛布団は一生ものです。世界最高峰の羽毛布団をずっと味わい続けることができます。もちろん、マザーグースのダウンも最高級の羽毛を使っており、こちらも大変満足していただけるものと思います。いかがでしょう」
お客様：「それではせっかくなので45万円の布団をお願いします」
売り手：「そうですか。マザーグースの最高級ダウンですね。これは本当に素晴らしい羽毛布団です。間違いなく満足していただけるでしょう」

３つの選択肢のうち、真ん中の45万円の羽毛布団が選ばれました。**選択肢が１つだけだと「買うか／買わないか」の選択になりますが、選択肢が３つあると、その３つの中のどれを買おうかという判断になりやすく、選好の逆転現象が起きるのです。**

高額商品を売るときのセールストークには、選択肢を３つ盛り込みましょう。

rule 54 ダメ押しの言葉は「それに」

論理的に話すことで、セールストークの説得性は増していきます。しかし、人の心は理屈だけで動かすことはできません。感情表現も大事なのです。そっと背中を押す言葉の有無によって、うまくいくかどうかが左右されます。

▶ **Before**

売り手：「お客様のご要望に沿った形でパッケージ化いたしました。『はずせない』と言われていた４つのポイントも押さえています」
お客様：「ええ」
売り手：「見積りはこちらです。10%お値引きさせていただき、90万円です。いかがでしょう？」
お客様：「うーん」
売り手：「今日、この場で決めていただけたらうれしいのですが」
お客様：「うーん……やっぱりもう少し考えます」
売り手：「そう、ですか……」

この商談は、複数回を経てクロージングの段階になりました。お客様からの要望事項も盛り込み、売り手としては今日決めてほしい、という場面です。しかし、お客様にはもう一押しが必要な様子です。「もう少し考えさせてほしい」と言われてしまいましたが、こうなると契約までに時間がかかってしまうことが予想されます。

▶ After

売り手：「見積りはこちらです。10％お値引きさせていただき、90万円です。いかがでしょう？」
お客様：「うーん」
売り手：「それに、今日、この場で決めていただけたら……」
お客様：「決めたら……？」
売り手：「こちらのオプションを追加させていただきます。通常価格ですと4800円の品ですが、今回は特別に追加いたします」
お客様：「なるほど、そうですか……」
売り手：「今日、この場で決めていただけたらうれしいのですが」
お客様：「うん……わかりました。決めましょう」
売り手：「そうですか、ありがとうございます！」

お客様が迷っていたら、追加で特典やオプションを提示するのも有効です。いわば、畳みかけるための一手です。追加のオプションを提案することで、購入を決心してくださることがあります。その際に使用したいフレーズが「それに」です。

「それに」の後に続いて提案する特典やオプションは、ささやかなものでかまいません。「こんなものでいいのか」というくらいのものでも、最後の一手は有効に機能します。

ささやかな気持ちでもいいので、背中を押す「隠し玉」として準備しておきましょう。

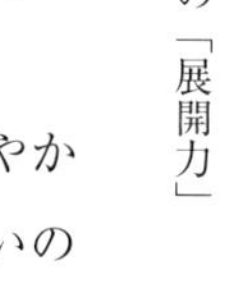

rule 55

「このように」「要するに」で論点をまとめる

ポイントをわかりやすく論理的に話すことで、説得力が高まります。しかし、話がついつい長くなると、そのポイントが相手の記憶に残りません。お客様の頭を整理できないのです。

▶ **Before**

営　業：「……という利点があり、建物そのものを保護し、長寿命化させることができます。いろいろとお話をさせていただきましたが、当社の外装塗材のよさをご理解いただけたでしょうか」

お客様：「ええと……」

営　業：「何か、ご質問はありますか」

お客様：「そうですねぇ。いや、とくに質問はないです」

営　業：「そうですか、では今日決めていただけますでしょうか」

お客様：「うーん、少し情報を整理したいので、また後日あらためていただけませんか」

営　業：「……」

営業は一生懸命説明をして、しっかり相手に伝わったと思い、本日契約できるものと思っていました。しかし、お客様が保留してしまったため、拍子抜けしてしまっています。お客様の反応が薄かったのは、相手が営業の話を理解できていないからです。

「質問がないということは、理解してくれたんだな」と思う人がいますが、これは早計です。

話が長くなってしまうようなとき、相手に伝えたいことが多いときには、話の論点を最後にまとめ、確認するようにしていきましょう。

▶ After

営　業：「……という利点があり、建物そのものを保護し、長寿命化させることができます。このように、当社の外装塗材のよさは3つにまとめることができます」
お客様：「はい」
営　業：「紫外線にも強い耐候性、劣化が少ない耐久性、美しい外観の意匠性の3つです」
お客様：「ああ、なるほど」
営　業：「要するに、耐候性、耐久性、意匠性の3つ、ということです」

このケースでは、112ページでも紹介した「3つ」をキーワードとして伝えています。「このように」でそこまでの話を3つにまとめたあと、最後に「要するに」でもう一度説明をしています。

どんなに魅力的な話をしても、1回では相手の頭には残らないものです。キーワードは繰り返すことで、よりお客様の記憶に残ります。

rule 56

「繰り返しになりますが」で念を押す

説得力の高いセールストークを展開するためには、ポイントを整理することが大切です。シンプルに、わかりやすく、最も強調したいことを中心に話すのです。

▶ Before

営　業：「当社のストレスチェックサービスは、個人に合わせたフィードバックをしており、集団分析コンテンツも提供します。それに、使いやすい運用システムも完備していますし、それにメンタル不全に対応したカウンセリングプログラムがあります」

お客様：「そうなんですね」

営　業：「いかがでしょう？　当社のストレスチェックサービスは？　御社が健康経営を推し進めるうえで、ぜひ導入をご検討ください」

お客様：「わかりました。検討しておきます」

ストレスチェック制度を販売する会社の営業が、企業の担当者にプレゼンをしている様子です。営業は自信を持って自社の商品を提案しています。しかし、お客様にとってはありきたりな内容に思えてしまい、興味を持ってもらえるまでには至っていません。最後にダメ押しの言葉のつもりで導入を促しているのですが、これでは特徴がまったく相手に伝わりません。

伝えたいポイントがあるときは、そのポイントの数を数字で表現すると、よりお客様は頭を整理しやすくなります。

▶ After

営　業：「当社のストレスチェックサービスは、個人に合わせたフィードバックをしており、集団分析コンテンツも提供します。それに、使いやすい運用システムも完備していますし、メンタル不全に対応したカウンセリングプログラムがあります」

お客様：「そうなんですね」

営　業：「繰り返しになりますが、当社のストレスチェックサービスのポイントは大きく分けて３つ。個人に合わせたフィードバック、使いやすい運用システム、メンタル不全に対応したカウンセリングです」

お客様：「ああ、はい」

営　業：「御社が健康経営を推し進めるうえで、ぜひ導入をご検討ください」

お客様：「かしこまりました」

前半は【Before】と同じ内容で、お客様の反応も同じであまり関心を示していない様子です。しかし、「繰り返しになりますが」から、「３つ」のキーワードを織り交ぜながら、ポイントを整理して伝えています。これだけでも相手の頭の中には残ることになり、【Before】の説明よりも受注に至る確率は高くなっていきます。

rule 57

「ただし」で留意点を伝えて信用力を高める

お客様にメリットがあることばかりを盛り込んだセールストークだと、「そんなうまい話はない」と、かえって疑念を持たれてしまうことがあります。あえてマイナスのポイントを伝えることで、相手の信頼を勝ち取ることができることもあります。

▶ Before

営　業：「人生100年時代ですから、保険とどう向き合うか、しっかり考えませんか？」
お客様：「そうですねえ」
営　業：「今、しっかり見直しをし、新しい時代に合った保険に変えることで、長生きをしていくときのリスクを軽減させることができますから」
お客様：「うーん」
営　業：「必ず私がいい保険を見つけますから、見直しましょう」
お客様：「うーん……」

保険の営業が個人のお客様を訪問している様子です。営業が言っていることは正論で、BtoC営業の場合、「私を信頼して任せてください」というスタイルも、間違いではありません。しかし、やはり競合が多い分野では、熱意だけでは受注に至ることは難しいでしょう。

どんな商品にもデメリットがあるものです。不利になる情報も存在します。それらを包み隠さず伝えることで、逆に信用力を高める

ことにつながります。

▶ After

営　業：「今、しっかり見直しをし、新しい時代に合った保証を考えることで、長生きをしていくときのリスクを軽減させることができると思います。ただし……」
お客様：「え、ただし？」
営　業：「新しい保険に変えなくてもいいケースもあります」
お客様：「どういうことですか？」
営　業：「公的保証の中身について、正しく把握していますか？傷病手当金や障害年金についてです」
お客様：「い、いや」
営　業：「現在の蓄えなども考慮し、何がいちばんいい選択肢なのか。一緒に考えてほしいのです。保険の加入だけが解決策ではありませんから」
お客様：「あなた、正直ですね」
営　業：「保険営業に任せすぎてはいけません。納得して加入していただきたいのです。ですから、一緒に考えましょう」
お客様：「そうですね」

目の前の契約のことだけを考えれば、正直に伝えないほうがよいと思うかもしれません。しかし、人としての信用力はなく、営業として成功することはできないでしょう。このケースでは、「変えなくてもいいケースがある」と伝え、相手にとって本当にメリットのある情報を伝えています。もし契約に至らなかったとしても、結果として口コミなどで紹介を受ける確率が高くなっていきます。

rule 58

クロージングの表情は「クローズドフェイス」で

23ページ、150ページでも解説した通り、セールストークは「非言語」も重要です。お客様を気持ちよくリードするために、メリハリのある表情を心がけましょう。

▶ **Before**

売り手：「こちらの冷却装置、ご予算も、納期も、スペックも、ほぼすべてお客様のご要望通りです。いかがでしょうか？」

お客様：「そうですね……」

売り手：「今月中に決めていただければ、来月末には納品できますよ」

お客様：「うーん」

売り手：「……」

相手と話をする場合、もちろんオープンフェイス（笑顔）は必要です。しかし、常にオープンフェイスでは、「何か信頼性に欠ける」「話に説得力がない」と受け取られてしまうことがあります。

とくにお客様を導くクロージングの段階では、オープンフェイスや、ニュートラルフェイス（無表情）ではなく、クローズドフェイス（真剣な表情）で臨みましょう。ただし、お客様が意思決定してくださったあとは、オープンフェイスに戻しましょう。

▶ After

売り手：「こちらの冷却装置、ご予算も、納期も、スペックも、ほぼすべてお客様のご要望通りです。いかがでしょうか？」
お客様：「そうですね……」
売り手：「今月中に決めていただければ、来月末には納品できます。ぜひ」
お客様：「……かしこまりました。本日、決めます」
売り手：「ありがとうございます」（最後に笑顔になる）

rule 59

交渉のあとのフォローは素早く的確に

１回の商談で決まる商材もあれば、数回の商談を経て決まるものもあります。１回で決まらないケースであれば、そのつどできる限り早いタイミングでフォローすることが大事です。

▶ Before

売り手：「もしもし、A商事の佐藤と申します。先日はありがとうございました」

お客様：「……どちらの、佐藤さん？」

売り手：「先週の木曜日に、お打ち合わせをさせていただきました。ドイツ製の印刷機の件で」

お客様：「ドイツ製の印刷機？　あああ、はいはい。ああ……。うち、けっこう営業さんが来るんで。申し訳ない、すぐに思い出せなくて」

売り手：「次回お打ち合わせの日程について、ですが」

お客様：「次回お打ち合わせ、ですか？」

売り手：「はい。こちらから３つほど候補日をお伝えしたのですが、どうでしょうかと思いまして」

お客様：「いやあ、ちょっと来月まで忙しいので……」

売り手：「え、そうなんですか？　それでしたら、再来月ということになるのでしょうか」

お客様：「再来月？　いや、その……。また、こちらから連絡しますよ。もし、何か必要があれば」

お客様と関係ができていても、できていなくても、商談をしたあとはすぐにフォローの連絡を入れましょう。これを習慣にすることで、忘れることはなくなります。

▶ After

売り手：「もしもし、A商事の佐藤と申します。本日はお忙しいなか、ありがとうございました」
お客様：「ああ、佐藤さん。こちらこそ、お手数をおかけしました」
売り手：「ありがとうございます。ところで、次回のお打ち合わせの件で、ご連絡をいたしました。いかがでしょうか」
お客様：「ああ、3つ候補日をいただいていましたね」
売り手：「ええ。大変お忙しいでしょうから、早めに日程を決めたほうがいいと思いまして」
お客様：「申し訳ない。まだ部長に聞いてないんですよ」
売り手：「そうですよね。また明日にでもこちらから電話いたしましょうか」
お客様：「いやいや、そこまでしてもらわなくても。こっちからメールを送りますよ」
売り手：「ありがとうございます。それでは、お待ちしております」

お客様と会ったその日のうちに連絡を入れ、次回の打ち合わせの日程を確認しています。**毎回このようにフォローをしていると、お客様も慣れてきます**。こちらからの要望のみならず、相手の要求に対してもスピーディに対応していると、「この人は、キッチリしている」と思われ、お客様自身の対応スピードも速くなってくるのです。

rule 60

電話で「資料を送ってくれ」と言われたら？

「テレフォンアポイントメント（テレアポ）」するときにも、セールストークは大切です。あまり関係ができていないお客様に電話でアポイントを取ろうとすると、「まずは資料を送っておいて」と言われることがあります。このフレーズの裏には、どんな心理が働いているのでしょうか。

▶ **Before**

売り手：「おすすめしたい新商品ができまして、ぜひご紹介したいのですが」

お客様：「あぁ、はい。いま少し忙しいので、資料を送ってくれませんか。それを見て検討してみます」

売り手：「わかりました。それでは郵送させていただきますね」

お客様：「はい、お待ちしています」

「まずは資料を送っておいて」と言う相手には、次のような心の動きがあります。

- その提案に興味がない
- だから、この営業とのアポを入れたくない
- しかし、むげに断れない
- なので、体のいい断り方である「資料を送っておいて」と言っておこう

この言葉を聞いたら、「わかりました。では、メールで（もしくは郵送で）お送りいたしますね」と、ついつい言ってしまいたくなるでしょう。資料を見てくれたら興味関心を持って、お客様のほうから連絡をくれるかもしれないという淡い期待を抱くからです。

しかし、資料を送ってから丁寧にフォローを続けたらわかりませんが、資料を送りっぱなしにするのであれば、ほとんど意味がないと受け止めましょう。「やらないよりはマシ」と思うかもしれませんが、そうではないのです。

▶ **After**

売り手：「おすすめしたい新商品ができまして、ぜひご紹介したいのですが」
お客様：「あぁ、はい。いま少し忙しいので、資料を送ってくれませんか。それを見て検討してみます」
売り手：「わかりました。でもですね、どうしてもサンプルを手に取っていただき、当社の商品のよさを実感いただきたいのです」
お客様：「いやぁ、そう言われましても……」
売り手：「デモ機をお持ちしますので、15分だけでいいのでお時間いただけませんか」
お客様：「15分ですか、わかりました。それではお待ちしています」

【Before】では資料を郵送することで満足してしまっていますが、【After】では「資料では十分に商品説明ができない」と訴えて、アポイントを取りつけることができました。

このように食い下がっても駄目なときは、「実際にお会いしないと資料をお渡しできないことになっておりまして」と言い切ってもいいでしょう。

ここで大事なのは、次の商談へと進むコンバージョン率を考慮することです。たとえば、次のような考え方になります。

【100人】から資料を送ってと言われ、「お会いしたら渡します」と言ったところ【10人】と商談できたとします。ということは10%のコンバージョン率です。

もし、【100人】から資料を送ってと言われ、そのまま言われた通りに資料を送り、その【100人】にフォローを続けられる確率はどれくらいでしょうか？　そして、実際に何人と商談できるでしょうか？　【5人】でしょうか？【10人】でしょうか？【20人】でしょうか？

しかも、それはいつでしょうか？　1か月後でしょうか？　2か月後でしょうか？　半年後でしょうか？

ちなみに、「お会いしたら資料をお渡しします」と言った場合も、その後フォローを続けたらいいわけですから、先述の【90人】のうち、【5人】とリアルな商談ができるのであれば、合計【15人】と商談したことになります。

商品の特性によって異なるので断言できませんが、営業の現場に入ってコンサルティングしている立場としては、現実にコンバージョン率が高いほうを選ぶのは必然です。

資料を送ってくれと言った100人に、たとえば半年間フォローをし続けることは簡単ではないです。時間と労力（資料を郵送するならその経費も）も考慮したうえで、最も効率がいい方法を選びましょう。

■ コンバージョン率の考え方

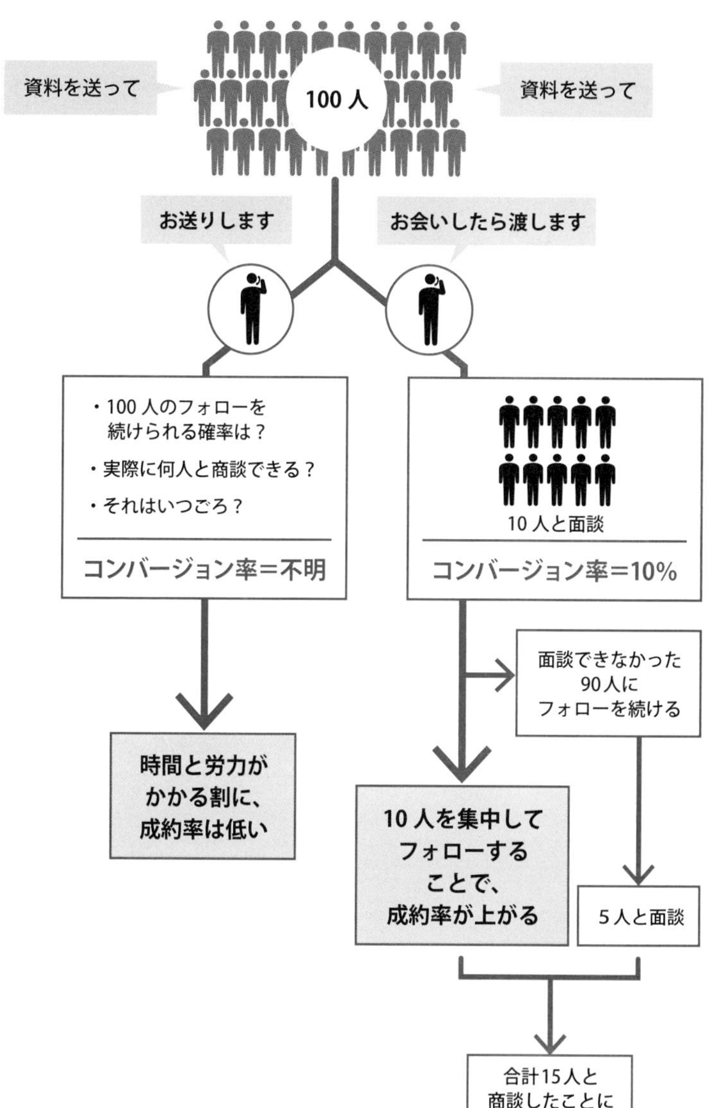

第6章のまとめ

- まず信ぴょう性のあるデータを見せてから「お客様の声」を紹介する
- 高額商品を売るときは、選択肢を3つ盛り込む
- 「それに」で提案する特典やオプションは、ささやかなものでいい
- 「このように」で話をまとめ、「要するに」でもう一度説明する
- 伝えたいポイントの数は数字で表現する
- あえてデメリットやリスクを語ることで、信用力が高まる
- クロージングの段階では真剣な表情で
- こまめなフォローをしていると相手のリターンも早くなる
- 次の商談へと進むコンバージョン率を意識する

第7章

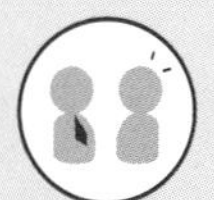

オンライン商談で失敗しないコツ

rule 61

オンライン商談に持ち込むセールストークとは？

働き方改革時代に突入した現代、WEB会議システムや、オンライン商談のツールは多数登場しており、普及しつつあります。オンライン商談にまだ心理的ハードルが高いお客様もいるでしょうが、大企業を中心に活用する企業が増えています。オンライン商談のツールが導入されている相手には、積極的に取り入れてみましょう。

▶ Before

売り手：「……というわけで、ぜひ当社の商品をご紹介したいのですが、一度お時間をいただけないでしょうか？」

お客様：「そう言われましても。まずは資料を送っていただけないでしょうか」

売り手：「そうですか。かしこまりました。それでは、以前いただいたお名刺の住所にお送りします」

お客様：「はい、興味があれば、またこちらから連絡しますから」

電話でアポイントを取ろうとしたら「資料を送ってくれ」と言われたとします。その際、「かしこまりました。メールでお送りしましょうか」などと、反射的に応じるのはやめましょう。資料を送って、まともに見てもらえる確率はわずかです。もちろん、その資料を見て問い合わせが入る確率など、限りなくゼロに近いでしょう。その際は【After】のように、すぐに引き下がるのではなく、「オンライン商談」に持ち込むのも１つの選択です。

▶ After

売り手：「……というわけで、ぜひ当社の商品をご紹介したいのですが、一度お時間をいただけないでしょうか？」
お客様：「そう言われましても。まずは資料を送っていただけないでしょうか」
売り手：「資料をただお送りしても、商品のよさをご理解いただくのは難しいですから、オンライン商談ではいかがですか？」
お客様：「え？　オンライン……？」
売り手：「インターネットにつながるパソコンはありますか？」
お客様：「目の前に、ありますが」
売り手：「それではメールでURLを送ります。そのURLをクリックしていただけますでしょうか。そうすると、パソコンのディスプレイに私が登場し、この場で商談がスタートできます」
お客様：「え、今からですか？」
売り手：「20分ほどお時間はありませんか。また別の日に時間をとっていただくより、この場ですぐできたほうが私もうれしいです」
お客様：「……わ、わかりました。じゃあ、メールでURLを送ってくれますか」
売り手：「かしこまりました！」

このように、丁寧に話していくと、意外に断られることがありません。「え、今からですか？」と言われてもひるまず、少し強引なくらいに誘ってみましょう。そして**オンライン商談は、リアルの商談よりも会話の内容に集中できるので商談がまとまりやすいのです。**

rule 62

短いセンテンスを、念を押すようにゆっくり話す

オンライン商談にまだ慣れていない方、これから実施しようと考えている方は、気をつけておくべきポイントがいくつかあります。まず、回線が切れやすいことを考慮して、丁寧に、繰り返して話すことです。立て板に水を流すように話すのは避けましょう。

▶ Before

売り手：「先ほどメールで送った添付資料を見……ただけたでしょうか。あの資料の３ページを見ていた……しょうか。あの、導入事例の３つ目に書いてある当社商品の特徴に……、今日はしっかりと説明していきたいのです」

お客様：「ええっと、添付資料の３ページ目って」

売り手：「こちらの資料に書かれてある……つ目のポイントが、当社が最も力を入れているところで、今日も私がいちばんアピールし……ことでもあります」

お客様：「ちょっと待ってください、今どこを……」

売り手：「こちらのポイントを踏まえたうえで、次の動画を見ていただきたいのです。この動画を見……だければ、当社商品の全体像をご理解いただけると……ます」

お客様：「ちょっと……」

回線の問題で、声や映像が途切れることもあります。リアルで会っているときより、しっかりと気を配ることが大切です。コツは、

短いセンテンスを、念を押すようにゆっくりと話すことです。

▶ After

売り手：「先ほどメールで送った、添付資料ですが。添付資料です。……メールの添付資料を、見ていただけたでしょうか」

お客様：「ええっと、添付資料って？」

売り手：「メールです。先ほど、お送りしました」

お客様：「ああ、昨日、電話で言っていたメールですか」

売り手：「まだご覧になっていないのでしたら、こちらの画面に映しますね。この画面を見ていただけませんか」

お客様：「ええっと……。あ、はい」

売り手：「見えていますか？」

お客様：「ええ。見えます」

売り手：「この資料の３ページを見ていただけますか。こちらの導入事例の、３つ目に書いてある当社商品の特徴について、です」

お客様：「はい、大丈夫です。当社商品の特徴、ですね」

売り手：「今日はその特徴について、説明させていただきます」

このように、ひとつひとつ確認しながら話すことが大事です。

私は6年近くユーチューブで動画をアップしていますが、動画用の話し方と、リアルな講師の話し方とでは、かなり違います。こうしたことも意識していきたいポイントです。

オンライン商談はまだ不慣れなお客様が多いため、外国人に道案内をするかのような丁寧さでお客様を導きましょう。ここは商談の主導権を握るための、重要なプロセスです。

rule 63

雑談せずに「早速ですが」でプレゼンを開始する

研修などでオンライン形式のセールストークのロールプレイングをしていると、リアル商談は上手でもオンライン商談はうまくできない人がいます。オンライン商談には特有のセールストークがあります。そのコツを、しっかりつかんでおきましょう。

▶ Before

売り手：「本日はお時間をありがとうございます。今回は先月発売された新商品をご案内させていただきたく、お時間を頂戴します」

お客様：「はい、よろしくお願いします」

売り手：「それにしても、昨日の高校野球の準決勝、すごかったですね！」

お客様：「え、まぁそうですね」

売り手：「近山投手の連投……過酷ですが、見ていると胸を打たれますよね」

お客様：「ま、まぁたしかに」

売り手：「実は私の地元の高校でしてね、今回はかれこれ５年ぶりの甲子園出場だったのですが」

お客様：「……」

メーカーの担当者が、新商品をお客様にプレゼンしているところです。担当者はアイスブレイクのために、昨日の高校野球の話をしています。しかし、お客様は関心を示していません。

オンライン商談では、お客様に向けて商品の説明、つまりプレゼンをすることに向いています。気をつけたいのが、よほど関係ができていない限り、雑談をしたり、ヒアリングをしたりするのには向いていないということです。ディスプレイ越しに質問しても、オンライン商談に慣れていないお客様だと、「そうですね」「まあ、だと思いますが」と、気のない返事しか返してくれません。

▶ After

売り手：「本日はお時間をありがとうございます。今回は先月発売された新商品をご案内させていただきたく、お時間を頂戴します」
お客様：「はい、よろしくお願いします」
売り手：「早速ですが、先ほどお送りしたメールにある添付資料の、5ページ目を見てください」
お客様：「5ページ目ですね、はい」
売り手：「こちらのリモート監視カメラですが、当初は子どもの見守りのために活用されていたのですが、実は介護にも活用されているのです」
お客様：「ほぅ、それはすごいですね。理由はあるんですか？」
売り手：「はい、親御さんを介護施設に入れられない在宅介護をする人にとっては、日中の親の行動が気になります。そこで、この監視カメラが利用されているのです」
お客様：「なるほど、そういうことか。仕事で日中不在にする人だけでなく、遠距離で実家の親の状況をリアルに見ることもできますね」

逆にお客様は、雑談なしに営業からの提案が来ることを求めているとも言えます。そのため、「早速ですが」と切り出し、商品説明に終始することを心がけましょう。

オンライン商談では、ふだんの対面形式よりも商品の魅力を伝えやすくなるというメリットもあります。有効に利用していきましょう。

rule 64 複数名が参加するオンライン商談では「まわし」が大事

テレビのバラエティ番組を見ていると、大勢のパネラーを相手にMC（司会者）がトークをまわす姿をよく見ます。オンライン商談では、一度に複数の人が、それぞれ異なる場所から参加できます。実際、そうした形式でやっているケースも数多くあります。商談相手が複数の場所から参加している場合、営業はまさにMCになったつもりで「まわす」ことが大切です。

▶ Before

営　業：「東京本社の部長さんと課長さん、今日はどうぞよろしくお願いいたします」
東京本社の部長と課長：「はい、お願いします」
営　業：「名古屋営業所の所長さんも、今日はよろしくお願いします」
名古屋営業所の所長：「はい。どうも」
営　業：「上海支社の支社長さん、音声、大丈夫でしょうか」
上海支社の支社長：「はい。大丈夫です」
営　業：「それでは、どうぞよろしくお願いいたします。では、皆さん、こちらの資料をまず見ていただけますでしょうか」

実際の商談の場では、どうしても本社の部長など、ある特定の人にしか会えないものです。しかしオンライン商談だと、日本だけでなく、世界中の相手と会話することが可能になります。そのため、複数のお客様に意識を向けやすくなります。うまくまわすことでより多くの参加者にピーアールできますし、相手の納得感を高めることにもつながります。

▶ After

営　業：「……ということですが、本社の部長さん、いかがでしょうか」
東京本社の部長：「ええ。理解できました」
営　業：「名古屋の所長さんはいかがでしょう」
名古屋営業所の所長：「はい。私も理解できました。意外と価格がリーズナブルだと思いましたよ」
営　業：「ありがとうございます。上海の支社長さんはいかがでしたか」
上海支社の支社長：「ええ、私もコストパフォーマンスが高いなと思いました」

【After】では営業が参加者全員に話をふることで、お客様側も参加意識が高くなっています。

また、複数の人が参加するオンライン商談であれば、営業はバラエティ番組のMCのように、うまく「まわす」力量が求められます。

営業は「場の空気」をコントロールすることが大切です。

「それでは、画面にプレゼン資料を映しますので、こちらに注目ください。A本部長さんも、B課長さんも、どうぞよろしくお願いいたします」

このように、商談の主導権を握りましょう。

rule 65

オンライン商談のクロージングの方法

オンライン商談のクロージングでも、対面同様、お客様の雰囲気を見ながら、その場で「ぜひ、この場で決めていただけませんか」とはっきりクロージングするのがいいでしょう。しかし、リアルの商談よりもお客様の心理状態をつかみづらいという点があります。そこで、気をつけるべきポイントを紹介します。

▶ Before

営　業：「いかがでしょう。ぜひ、この場で決めていただけませんか」
東京本社の部長：「そう、ですね……」
上海の支社長他：「……」
営　業：「それでは、またご検討いただいてもよいでしょうか」
東京本社の部長：「そうですね、ええ」
営　業：「それでしたら、またこちらからお電話させていただきます。窓口は課長さんでよろしいでしょうか」
東京本社の課長：「はい。また私に連絡ください」
営　業：「かしこまりました。どうぞよろしくお願いいたします」

たとえば、決裁権を持っている東京本社の部長などが、鶴の一声で「気に入った。やりましょう」などと決めてくれたら、まったく問題はありません。

しかし、このタイミングで押したほうがいいのか、それともいったん引いたほうがいいのか、オンラインでは微妙な雰囲気がわかり

づらいこともあります。もし相手の反応がわかりづらい場合は、この例のように、あまりチャレンジしないほうが賢明です。

また、どうしても急ぎたい案件の場合、お客様にいったん離席してもらい、先方で話し合ってもらうという方法もあります。

▶ After

上海の支社長他：「これは少し迷いますね……」
営　業：「かしこまりました。それではご提案なのですが、もしお時間に余裕がありましたら、一度上海の方々はオンラインからはずれていただき、部内でご検討いただく、というのはいかがでしょうか」
東京本社の部長：「それがよいかもしれません。今回の決裁権者は上海なので」
上海の支社長他：「はい、そんなに時間はかからないと思います」
営　業：「では少しお待ちいたします。その間、東京本社の課長さまと、先日の件についての確認をさせていただけたら」
東京本社の課長：「はい、いいですよ」

個人を相手にした商談であれば、リアルの商談と同じようにオンライン商談の中でクロージングすべきです。

ただ、相手が社内で話し合わなければならない場合、オンライン商談の最中に、お客様側だけで話し合いの機会を作るのは、けっこう難しいという点があります。

そのため、いったんオンライン商談から抜けてもらい、社内で検討をしていただくよう促すのです。相手がその気になっていると確信が持てない場合は、焦らないようにしましょう。

rule 66

オンラインの商談後のフォローは、話したあとすぐに！

オンラインの商談とリアルの商談との違いは、営業とお客様が同じ場所にいない、ということです。オンライン商談が終わったあと、お客様は商談の余韻を引きずることなく、日常に戻ることができます。商談を確実なものにするために、オンライン商談後には、すぐさまキーパーソンに電話をしてみましょう。

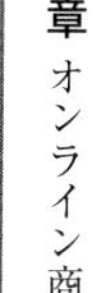

▶ Before

--------------商談から数日後----------------

営　業：「あ、もしもし、営業の鈴木です。先日はありがとうございました。その後、どうかなと思いまして」

東京本社の課長：「ああ、鈴木さん、先日はどうも。申し訳ない、実はまだ検討中なんですよ」

営　業：「そう……ですか。名古屋の所長さんの反応は……？」

東京本社の課長：「ちょっと立て込んでしまっていて、わからないんですよ。今度確認しておきますね」

営　業：「はい……ありがとうございます。またご連絡いたします」

リアルの商談同様、オンライン商談が終わって数日後、フォローの電話をかけたのですが、相手の反応がいまいちな様子です。オンライン商談は手軽に開催できる反面、相手によってはリアルの商談よりも、少し軽視してしまうタイプもいます。

キーパーソンに対する「念押し」は早いほうがいいため、オンライン商談が終わって休憩している暇はなく、すぐにフォロー電話を入れるのが成功のコツです。

▶ After

営　業：「あ、もしもし。営業の鈴木です」
東京本社の課長：「ああ、鈴木さん。さっき話したばかりなのに」
営　業：「商談が終わって、すぐに連絡しようと思いまして」
東京本社の課長：「本当にすぐですね。まだ隣に部長がいますよ」
営　業：「……いかが、だったでしょうか？」
東京本社の課長：「部長の反応も悪くなかったし、上海の支社長は乗り気だったんじゃないでしょうか」
営　業：「名古屋の所長さんは……？」
東京本社の課長：「前向きだと思うので、確認しておきます」
営　業：「ありがとうございます。またご連絡いたします」

リアルの商談が終わったあと、普通はすぐさま電話はしないものですが、オンライン商談のあとなら、もともと物理的に距離が離れているため、電話をしても違和感がありません。とくに参加者が複数だった場合、先方の担当者に他の出席者の反応を確かめる意味でも有効です。

2018年の西日本豪雨、2019年に日本を襲った巨大台風、2020年の新型コロナウイルス感染拡大による非常事態宣言など、近年ビジネスパーソンが外出できなくなるケースが頻出しています。働き方改革が本格的に進むなか、私たちにとってますますテレワークや、オンライン商談は身近なものになるでしょう。いざというときのためにも、ぜひ身につけていただきたいテクニックです。

第7章のまとめ

- オンライン商談はリアルの商談よりも主導権を握りやすい
- 外国人に道案内するかのような丁寧さでお客様を導く
- 雑談やヒアリングは必要ない、単刀直入にプレゼンを
- 複数参加の場合は率先して「場の空気」をコントロールする
- 相手がその気になっていると確信が持てない場合、焦らない
- オンライン商談後にはすぐにフォローの電話を入れる

第8章

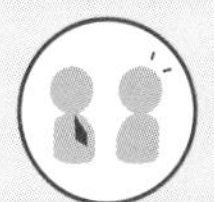

折れない「マインド」を鍛える

rule 67

なぜ、セールストークにマインドが大事なのか？

セールストークは、お客様に伝わることが目的ではありません。セールストークは、「伝わる」だけでなく、「売れる」ことが目的です。

勝利の方程式など存在しない

セールストークの目的は、お客様に気づきを与えることでもなければ、お客様の意欲をアップさせることでもありません。「商品が売れること」、つまり「お客様にご購入いただくこと」です。

どんなに満足いくトークができたとしても、お客様が営業の言っていること、商品の魅力を理解してくださっても、**最終的に買ってくださらなければ、セールストークの目的が果たせたとは言えません。**

ただし、百発百中のセールストークは存在しません。それどころか、どんなに周到に練られたトークであっても成約は5割を超えることはないでしょう。目の前のお客様にどうやって買ってもらうのかを考えるのも大事ですが、もっと視野を広げ、100人や200人のお客様にセールストークして、どれだけ目的を果たせるかに意識を向けることも重要です。

100人に提案し、20人が買ってくれたのであれば、セールストークを磨き、その数を、22人、25人……と増やしていくのです。

しかし、たとえ22人、25人と購入者が増えても、その陰には78人、75人と、目的を果たせなかった営業機会があったということを忘れてはいけません。うまくいかない数のほうが多いわけなので、営業としては気持ちが萎えることもたびたびあります。

スッキリと気持ちの切り替えができないと、後に引きずることになります。プロ野球でもどんな名バッターであっても打率が４割を超えることはほぼないことで、チャンスに打てないこともあります。落ち込むこともあるでしょう。しかし、そんなときでも自分を奮い立たせ、必ず商品のよさ、そして価値を理解してくれるお客様はいる。くじけずにがんばろうというマインドを持つことが大事です。

本書でもいろいろなテクニックを紹介してきましたが、自信をなくしてしまうと、テクニック以前に「どうせ売れないものは売れない」「商品が悪いんだ」「自分には営業センスがないんだ」などと弱音を吐くことになり、その結果さらに成約率が下がり、どんどん売れなくなっていきます。

営業や接客をはじめセールストークを武器にする仕事は「売れる」と思ったから必ず売れるわけではありませんが、「売れない」と思っていたら売れません。

・**この商品は売れない**
・**この時期には売れない**
・**この地域では売れない**
・**あの営業には売れても私では売れない**

このような**ネガティブ思考、自信のなさは、お客様に伝わります。**「笑ってくれるはずがない」と思いながらやる漫才が、観客を笑わすことがないのと同じなのです。セールストークにはマインドがとても大事です。商品にも、自分自身にも、そして自らが設計したセールストークにも、自信を持って営業活動をしましょう。

rule 68

うまく話せなくても売れる理由

まわりに、それほどトークが上手でないのに営業成績が高い人はいませんか。その理由は何でしょうか？

天才型の営業がやっていることとは？

私は現場でコンサルティングをする身なので、話下手なのに実績を上げ続けている人と出会うことがあります。

快活で、エネルギッシュで、ハキハキと、よどみなくセールストークをする人が、必ずしもよく売れる人かというと、そうとは限らないのです。

それどころか、**トップセールスは、一見するとどこにでもいるような、普通の人であることが大半です。**

逆に、その商品が好きで好きでたまらない人、お客様の役に立ちたくてどうしようもなくて、ついつい気持ちが入ってしまう人は、話が強引すぎて上滑りであることが多いと感じます。

「絶対にいいですよ、この商品は」

「お客様がこれを買わないなんて、意味がわからないです。買いましょう」

などと、セールストークの「型」など無視して押しまくる人が成約しないなか、トップセールスの中には次のように、会うたびに挨拶や雑談をするだけの人もいます。

「奥様、親戚から柿をたくさんもらったのでお裾分けです。もらってください。お子さんも柿は食べるでしょう？　この柿、すごく美味しいんですよね。私も小さいころは、遊びに行きましてね……」

下心があるわけではなく、無邪気にプレゼントを持ってきたり、何かのついでで挨拶しにきたりするのです。屈託のない素振りで話しかけてくるので、何度か接していると、つい……。

「そういえば、近所の工務店がリフォーム工事をしたいと言ってた気が……」などと、お客様は営業が喜びそうなことを言ってしまいます。そして、「リフォーム会社を探してたようですから、もしよかったら紹介しましょうか」と仕事につながることは少なくありません。

トップセールス本人はセールスしている気がないので、それほどストレスはないはずです。

私はこういう営業を「天才型」と呼んでいます。このスタイルは、なかなか真似できるものではありません。しかし、**お客様ひとりひとりに対し、どうやったら喜んでもらえるかを常に考えていたりする**姿勢については見習うべきものがあります。

rule 69 トークスクリプトも大事だが、熱量はもっと大事

人の心を動かすためには論理的な説明や、データによる顧客分析も必要です。でも、最後に心を動かすのはその人の持つ「熱量」です。

熱量が相手の感情を刺激する

お笑い芸人の話を文字起こしして、それを「音声読み上げソフト」を使って聴いたら、どうなるかイメージできるでしょうか。お笑い芸人が話したら腹を抱えて笑ったネタであっても、機械の声でで聴いたら、おそらくはそれほど笑えないことでしょう。漫才やコントを観て笑えるのは、お笑い芸人の「熱量」もすごいからです。

つまり、**どんなにロジカルで、説得力のある完璧なセールストークを作り上げても、熱量が足りないと売れるはずのものが売れなくなります**。もしもセールストークに熱量が必要ないのなら、お客様の状況を的確に認識し、質問にも正しく応答できる人工知能（AI）が搭載されたロボットが代わりにやってくれるでしょう。

しかし、セールストークはお笑いやお芝居と同じです。ロボットにお笑いやお芝居をやらせても、人間と遜色なく演技ができれば、観客は物足りなさを覚えることはないでしょう。しかし、そこまでのロボットが登場するのはまだ先だと私は思います。

お客様の購買意欲をアップさせるためには、ロジックだけではなく熱量も重要です。お客様に「そこまで言うなら」とか「あなたの熱意に負けた」などと笑って言われるくらいの熱量はありますか？

rule 70 人工知能（AI）から学ぶ失敗を恐れないマインド

人工知能（AI）と聞くと、無機質で感情がない、つまり対人の販売には向いていない、と思うかもしれません。しかし、無機質に見える人工知能ですが、人間が学ぶべきところも多くあります。それが「失敗を恐れないマインド」です。

AIも失敗を糧にアップデートしている

2015年10月、「AlphaGo（アルファ碁）」というグーグルの人工知能が、囲碁棋士を破ったことは大きなニュースとなりました。

何がすごいかというと、アルファ碁がプロ囲碁棋士の手によって作られたプログラムで動いたわけではないことです。

どのように、ここまで強くなったのか、あなたは知っているでしょうか？　なんとアルファ碁は、囲碁の基本ルールを教えられただけで、あとは独学で強くなっていったというのです。

最初はでたらめに打ち続けたアルファ碁は、失敗を繰り返しながら自主学習し、40日後には囲碁の達人をも負かすほどの強さを手に入れたと言います。

ここから学ぶべきことは、**どんなに失敗してもあきらめず、その失敗を糧にして自分をアップデートさせていくと、いずれものすごい成長を遂げる**ということです。

セールストークも同じではないでしょうか。どんなに完成度が低くても、膨大な数の練習や商談を繰り返し、自ら学ぶことで、断られないセールストークに仕上がっていくはずです。

もっと他にいい方法があるのではないか、もっといい商品なら自分でも売れるはずなのにといった雑念は、人間特有のものです。そのような思考ノイズはできる限り除去し、常にセールストークを改善していきましょう。

セールストークを用いる場面では、うまくいくことより、うまくいかないことのほうが多いです。ただ、人工知能と同じように、大いに失敗し、その失敗体験から学ぶことが許される職種であるということも事実です。

失敗をした人のほうが、成功する確率が高くなるのは、失敗を恐れずにチャレンジするからです。

熱量は商品とお客様を徹底的に探求すると生まれる

「自分には熱量が足りない」と言う人もいるかもしれません。そうした人は、自然と熱量が高まるまで待てばいいのかというと、そうでもありません。誰でも熱量を上げることができるコツをお伝えします。

お客様の持つ「物語」に接してみる

熱量をアップさせるには、いろいろな方法があるかもしれませんが、「物語」に触れるという方法を紹介します。

人は物語に触れると、熱くなります。深く、深く、知ることで、その熱さはさらに高まっていきます。

- 販売しているその商品は、どのように開発されたのか
- 誰が発案し、どのような企業と協力関係となり、どんな苦労があって世に出たのか
- 販売当初は想定通りに売れたのか
- 売れなかったのなら、どんな出来事があって売れる商品になったのか

とくに、そこにかかわる人たちの葛藤や衝突エピソードまで知ることで、心が動かされます。どんな商品にも、多かれ少なかれ感動的なエピソードはあるものです。それを知ることで、これまで感じたこともない熱い気持ちが湧き上がってくるのです。

これは商品だけに限りません。お客様もそうです。お客様の「物語」についてです。

何度もお客様と接し、そのお客様のことを知ろうとするのです。

- **どのようにしてその会社ができあがったのか**
- **そして発展したのか**
- **その部署がいつ生まれ、今はどんな問題を抱え、それをどう克服しようとしているのか**

個人であれば、企業よりも比較的簡単に知ることができるでしょう。

どのような人生をたどってきたのかを聞いたり……と、プライベートなことはよほど関係を構築しないと知ることができないでしょうが、**それを知ることで熱い気持ちになることは間違いありません。**

「この人が、この会社が抱えている問題を解決したい」
「この人が、この会社が利益になるような支援をしたい」

そう思うことで、しかるべき熱量がセールストークに宿ります。

どんな人間模様があったのか、そして、どんな感情の揺れを覚えたのか。それを知ることで、心を打たれ、熱くなるのです。

rule 72 「練習量」が絶対的なマインドを育む

セールストークを短期間で上達させるためには、お客様役と営業役、双方に分かれて行なう「ロールプレイング」をすることが一番効果的です。お客様役になって、はじめてわかることもあるからです。

ロープレはお客様役が本当に買いたくなったかどうかが大事

私は営業コンサルタントとして日ごろからかなりの量の「ロールプレイング（ロープレ）」を実施している自信があります。

指導する部下の様子を見ていると、英会話の練習でよく用いられる「シャドーイング（モデルとなる発声を追いかけて復唱練習すること）」（または「スピーチ・シャドーイング」）を行なって、ある程度の形ができている人も多くいます。しかし、シャドーイングだけでは上達しないこともわかっています。

もちろん、流暢に話すためには、自分１人で声を出す反復練習は欠かせません。しかしプレゼンテーションと違い、セールストークは双方向のコミュニケーションのため、２人以上でのロールプレイングこそ、力がつきます。

お客様役を誰かに演じてもらい、30分や1時間は、リアルに近いシチュエーションでロープレをするのです。

お客様役は、うまく話せているかどうかをチェックするだけでなく、本当に買いたくなったかどうか、自分の感情に正直になって合否を決めることが大事です。

ただし、話の中身が正しいかどうかのチェックのためにロールプレイングをするのは、時間の無駄で、セールストークは上達しません。ロールプレイングのゴールは、**お客様役が本当に買いたくなったかどうかに焦点を合わせるべき**です。

ということは、お客様役が真剣に想定のお客様のことを調べつくし、感情移入できるくらいのレベルにならなければ駄目ということです。

お客様役がそこまで憑依したら、営業も本気にならざるを得ません。相手がよく知った同僚であろうが上司であろうが、真剣にセールストークを事前準備し、商談をします。

私自身がお客様役を演じるとき、10回や20回は平気で不合格にします。合格するまで何か月もかかることも普通です。たとえ相手がベテランの営業であったとしても、です。

しかし、それだけの練習を積むと、当然のことながらセールストークは上手になります。何より、**この商品を売りたいというマインドが醸成されていく**のです。スポーツと同じで、練習はうそをつかないのです。質の高い練習こそが、セールストークをピカピカに磨いてくれます。

セールストークは、マインドを鍛えるためにも、日ごろからの練習が必要不可欠なのです。

rule 73

セールストークはどこまで練習したらいいのか？

セールストークはスポーツと同じで、技術を磨くためには練習が不可欠です。どんなに上達したあとでも、日ごろの練習は欠かさずやることが大切です。プロのスポーツ選手と同じだと心得ましょう。練習をしない選手に観客は魅了されないように、お客様も練習をしない売り手に心を動かされることはありません。

役者のように話せるようになるまで練習を継続する

「セールストークの練習はどれくらいしたらいいのでしょうか」と聞かれたら、私はよく「舞台役者になれるくらいに」と言っています。

たとえば会社案内、商品案内の内容が、ロールプレイングをするたびに変わるようではいけません。舞台役者が話すたびにセリフを変えるでしょうか。

舞台役者をイメージし、ただスラスラと流暢に話せるだけでなく、**感情表現も自在に操れるくらいに体で覚える**ことです。

私は、セールストークを場当たり的に話す営業をすぐに見抜けます。初対面であったとしても同じです。

練習すれば誰だってできることを怠っているというのはすぐ伝わり、これはお客様も同様で不安になります。プロの仕事をしない人から、お金を支払って買いたいとは思わないからです。

本書は「セールストーク力の基本」というタイトル通り「基本」について解説しており、決して応用技術を紹介した本ではありません。**お客様の前で、自社が取り扱う商品をよどみなくスラスラ話せることは基本であり、そのために日ごろから練習を積むことも基本中の基本**です。

セールストークも、プロの歌手やプロの演奏家のように、どんなときでも１つの曲を同じ歌詞で、同じリズムで、同じ調子で歌ったり演奏したりすることができるようにするのです。そのためには日頃から練習、準備が大事です。そのまま舞台にあがり、役者のように話せるレベルに達するまで練習するよう、心がけましょう。

ほとんど練習もせず、売れない理由ばかり言う人にはならないようにしてください。

第8章のまとめ

- ネガティブ思考、自信のなさは、お客様に伝わる
- 「お客様のため」という姿勢は相手にも伝わる
- 購買意欲をアップさせるには、ロジックだけではなく熱量も重要
- 失敗を糧にして自分をアップデートすることで成長できる
- 意識して相手の「物語」に触れる機会を探していく
- 練習することでトーク技術のみならず、マインドも鍛えられる
- 日ごろから練習を積むことは基本中の基本

付録

セールストーク力を磨くトレーニング

rule 74

基本形を身につけて派生させていく方法

どんなにトークの中身がよくても、結局のところ「話す力」を身につけなければ、お客様の購買欲をアップさせることはできません。そのためのトレーニング方法について紹介していきましょう。

まずは基本形を決める

「セールストーク力」というのは「話す力」のため、頭で理解するだけでは力がつきません。

実際に、私は毎週２〜３回はロールプレイングの相手（お客様を演じる）をします。中には、苦手な箇所を克服してロープレに臨まない人がいます。こういう人は、どんなに努力しても、いつまで経っても上達しないのです。

たとえば、会社案内や商品説明など、お決まりのフレーズを流暢に話せない人がいます。原因は、だいたい２つです。

1　お決まりのフレーズを決めていない（その場で考えながら話している）

2　お決まりのフレーズを体で覚えていない（頭で覚えようとしている）

お客様のニーズや、その場の状況によってカスタマイズは必要ですが、基本形は必ず決めておかなくてはなりません。

そして**基本形を決めたら、自分の名前、生年月日、出身地をスラスラ言えるのと同じくらいの「なめらかさ」で、トークできるようトレーニングしましょう。**

rule 75 うまい人の「シャドーイング」をやってみよう

トレーニングで最も参考になるのは「英会話の学習」です。声に出すトレーニングの一種「シャドーイング」をご存知でしょうか。バックトラッキングと言って「オウム返し」のことです。聞き取った音声を完璧な再現を目指して繰り返す方法です。

音声を聴かなくても完全に再現できるまでやってみる

完成した基本形のフレーズ（会社案内や商品説明）を、誰か（社内の上手な人など）に本番さながらの雰囲気で読んでもらい、録音します。それを耳で聞き取ってバックトラッキングすることをおすすめします。ここで大事なポイントは２つです。

1 リズム、トーン、メリハリ、間の取り方など「完コピ」するつもりでトレーニングする

2 聞かなくても、完璧に再現できるまで繰り返す

日本語だからといって、たった１～２回の練習で流暢に話せるようにはならないので、気をつけてください。ただし、セールストーク力は「英会話の学習」と異なり、文章の意味はわかっているのです。10回も繰り返せばスラスラ話せるようになるでしょう。

スラスラ話せるようになるだけでなく、声の出し方、大きさ、メリハリなどに神経を集中し、**完全にコピーできるまで繰り返しましょう。そして、音声を聴かなくても再現できるまでやり切ることです**。これがセールストークでシャドーイングするコツです。

rule 76 「マンブリング」で慣れていく

シャドーイングの練習がうまくいかない場合、「マンブリング」という練習方法があります。聞き取った音声を小声でブツブツ復唱するやり方です。

シャドーイングの準備運動

私は人前でスピーチをする機会がけっこうあります。セミナーや講演などと違い、１分や２分程度できれいに話せないと、聴講者の方々は大きな苦痛を覚えます。

そのため、歩いているときや、電車の中で、自分が吹き込んだ音声を聴きながら、ブツブツ繰り返し唱えたりしています（もちろん、電車の中では声を出さずに復唱しますが）。

プレゼンの前など、あらかじめある程度決められた原稿を話す際には、マンブリングをすることで、自信を持って本番に臨めるようになります。

ただ、マンブリングだけだと「やった気になる」だけです。いわゆる「口慣らし」です。そのため、これは「シャドーイングの準備運動」だと考えてください。

初心者は文章を見ながら話す「テキストシャドーイング」

自分で作ったセールストークの内容を覚えないままシャドーイングをすると、ほとんどうまくいきません。セールストークを覚えるまでは、文章を見ながらシャドーイングしてもいいでしょう。

センテンスを区切って練習してみる

いたずらにシャドーイングをやってみても、「えっと、次、何だっけ？」と考えながら話すことになります。音声の作成が面倒ですが、そのような教材を自作してトレーニングするのもいいでしょう。たとえば、次のような形です。

「はじめまして、私は企業の営業の現場に入って目標を絶対達成させるコンサルタント、横山信弘と申します。どうぞよろしくお願いいたします。営業コンサルティング会社である、アタックス・セールス・アソシエイツの代表をしています。主な仕事は、『予材管理』を使ったコンサルティングサービスの提供です。予材管理というのは、目標の２倍の予材をあらかじめ仕込み、営業目標を絶対達成させるマネジメント手法のことを言います」

このように、自分、会社、商材の紹介をしたいフレーズを用意したとしましょう。

このフレーズをすべて誰か上手な人に読み上げてもらい、その音声を収録してシャドーイングするのが普通のやり方です。

しかし、これだけの文章を一気に覚えられないというのであれば、センテンスを区切って録音してもらいましょう。

・**「はじめまして、私は企業の営業の現場に入って目標を絶対達成させるコンサルタント、横山信弘と申します。どうぞよろしくお願いいたします」**

・**「営業コンサルティング会社である、アタックス・セールス・アソシエイツの代表をしています」**

・**「主な仕事は、『予材管理』を使ったコンサルティングサービスの提供です」**

・**「予材管理というのは、目標の2倍の予材をあらかじめ仕込み、営業目標を絶対達成させるマネジメント手法のことを言います」**

そして、手元にこれらのセンテンスを記したペーパーを置いてバックトラッキングするのです。準備に時間はかかります。しかし、これであれば、誰だって、ストレスなくシャドーイングできるようになります。シャドーイングに対する心理ハードルを下げる意味でも、やってみてもいいでしょう。

英会話の学習と異なり、セールストークでシャドーイングをする場合は、教材を自作しなければならないため、少し手間がかかります。誰かの協力も不可欠です。しかし、手間をかけた分だけ習得したいという意欲も上がります。ぜひチャレンジしてみてください。

付録のまとめ

- セールストークは「基本の型」が大事
- うまい人のマネは完全にコピーできるまで繰り返す
- 自分が吹き込んだ音声を聴きながらブツブツ繰り返してみる
- 最初はセンテンスを区切って、ペーパーを見ながらやってみる

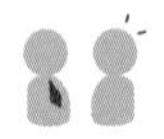

おわりに

本書を執筆している最中、「セールストーク」とは、そもそも何を意味するのかと、何度も自問自答しました。

おそらく多くの人は、「セールスポイント」「セールスコピー」のように、とても範囲の狭い物事をイメージすると思います。つまり「セースルトーク」とは、営業や接客で話す会話のことだと。

しかし、本書ではかなりの分量を使って非言語的な要素にも着目し、その重要性を訴えました。

第８章でも記したように、「マインド」や「熱量」も、「セールストーク」には不可欠です。

「セールストーク」は、ロジックとエモーションが見事に融合されると、完成度がぐっと高まります。理屈だけではいけませんし、感性だけに頼っていても、お客様の心を動かすことはできません。

そのことをぜひ心にとどめて、「セールストーク」に磨きをかけてもらいたいと思います。

「セールストーク」に関心があるすべての人が、本書を参考にすることで、その目的がしっかり果たされることを心から祈っています。

2020年４月吉日　横山信弘

横山信弘（よこやま　のぶひろ）

アタックス・セールス・アソシエイツ代表取締役社長。企業の現場に入り、目標を「絶対達成」させるコンサルタント。新人からベテランまで「ちょっとしたコツで商談の流れが一気に変わるセールストーク」の方法を体系的に整理。12年間で1000回以上の関連セミナーや講演、書籍やコラムを通じ、伝えてきた。また、最低でも目標を達成させる「予材管理」の理論を体系的に整理し、仕組みを構築した考案者として知られ、普及に力を注いでいる。NTTドコモ、ソフトバンク、サントリーなどの大企業から中小企業に至るまで、200社以上を支援した実績を持つ。「日経ビジネス」「東洋経済」「PRESIDENT」など、各種ビジネス誌への寄稿、多数のメディアでの取材経験がある。メルマガ「草創花伝」は4万人超の企業経営者、管理者が購読する。著書に『絶対達成マインドのつくり方』（ダイヤモンド社）、『絶対達成バイブル』（フォレスト出版）などの「絶対達成」シリーズ、『「空気」で人を動かす』（フォレスト出版）、『最強の経営を実現する「予材管理」のすべて』『この1冊ですべてわかる 営業の基本』（以上、日本実業出版社）などがある。

セールストーク力（りょく）の基本（きほん）

2020年5月20日　初版発行

著　者　横山信弘
発行者　杉本淳一

発行所　株式会社日本実業出版社　東京都新宿区市谷本村町3-29　〒162-0845
大阪市北区西天満6-8-1　〒530-0047

編集部　☎03-3268-5651
営業部　☎03-3268-5161　振　替　00170-1-25349
https://www.njg.co.jp/

印刷・製本／三晃印刷

この本の内容についてのお問合せは、書面かFAX（03-3268-0832）にてお願い致します。
落丁・乱丁本は、送料小社負担にて、お取り替え致します。

ISBN 978-4-534-05783-9　Printed in JAPAN

日本実業出版社の「○○力の基本」シリーズ

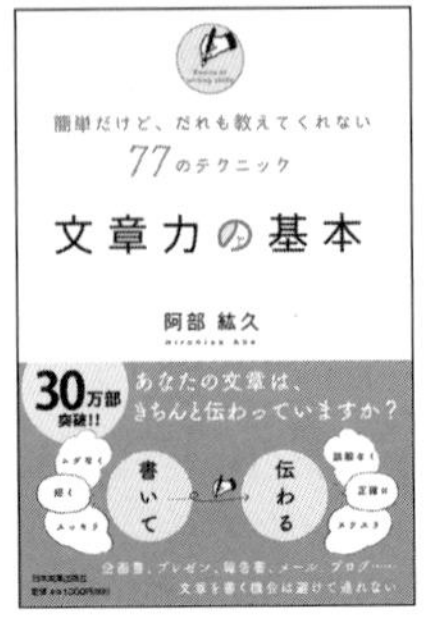

簡単だけど、だれも教えてくれない77のテクニック

文章力の基本

阿部紘久

定価本体1300円(税別)

30万部突破のベストセラー! 「ムダなく、短く、スッキリ」書いて、「誤解なく、正確に、スラスラ」伝わる文章力 77 のテクニック。豊富な事例をもとにした「例文→改善案」を用いながら、難しい文法用語を使わずに解説。即効性のある実践的な内容。

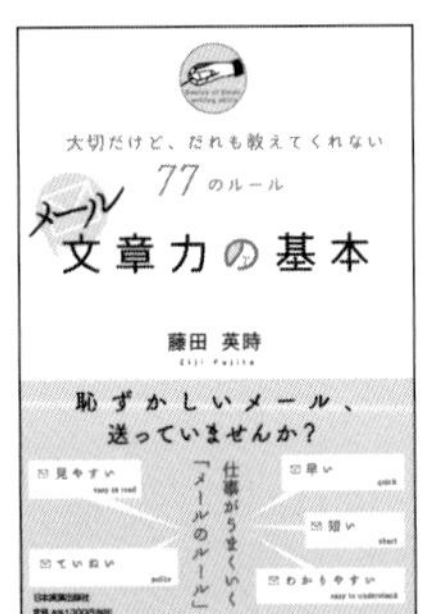

大切だけど、だれも教えてくれない77のルール

メール文章力の基本

藤田英時

定価本体1300円(税別)

8万部突破! いつも使うけど、きちんと教わることのなかった「恥ずかしくないメールの書き方、送り方」。「メールは1往復半で終える」「用件が2つあるなら件名も2つ」など仕事ができる人がやっている、短く、わかりやすく、見やすいメール、77 のルール。

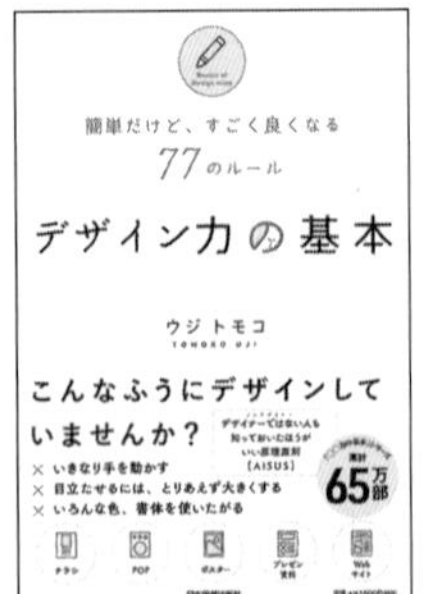

簡単だけど、すごく良くなる77のルール

デザイン力の基本

ウジトモコ

定価本体1500円(税別)

3万部突破! デザイン上でよくやりがちなダメパターン「いきなり手を動かす」「とりあえず大きくすれば目立つ」「いろんな色、書体を使いたがる」などを避けるだけで、プロのデザイナーの原理原則が身につく! 素人でもデザインの素養がわかる 77 のルール。

定価変更の場合はご了承ください。